用觀念讀懂世界歷史

科學革命至當代世界

學習歷史知識，培養歷史批判性思考的能力，
掌握基礎觀念，建立歷史詮釋和反省的觀點！

王健安——著

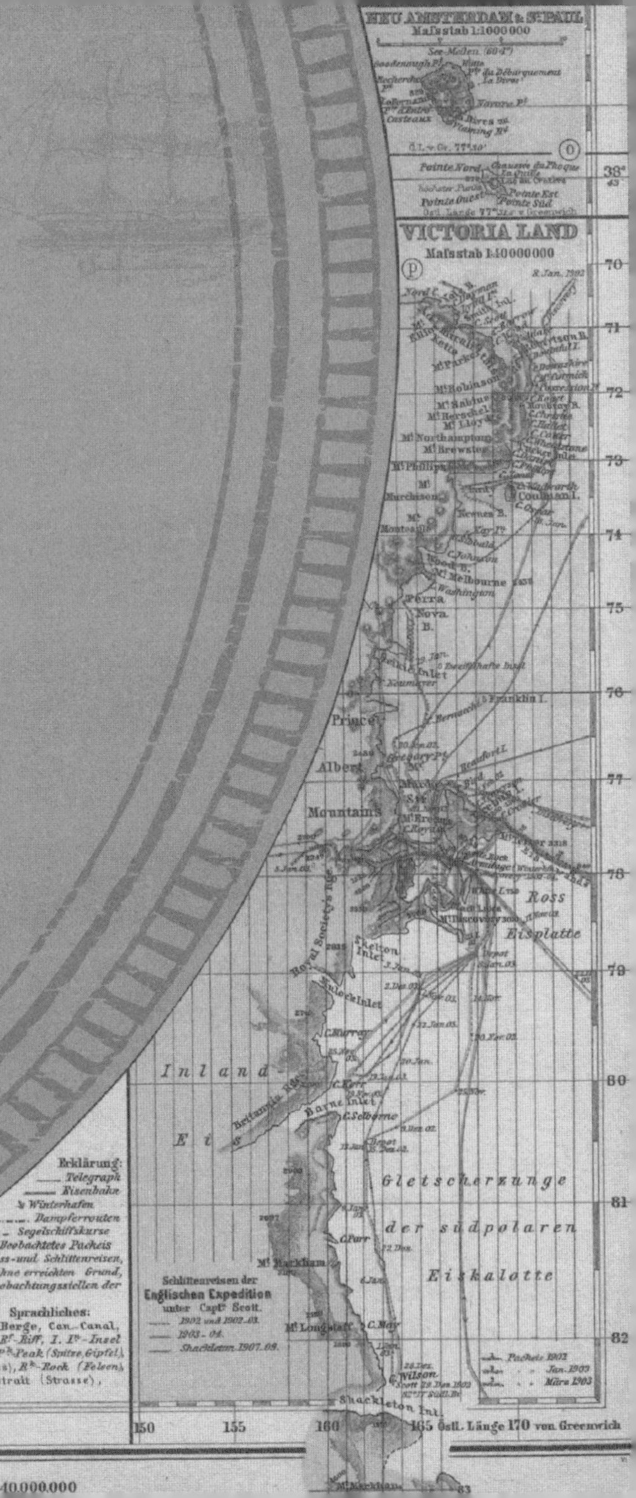

編輯說明

一、各章均分為兩個單元：

【歷史這樣說】陳述歷史上重要事件的發展，知道「發生哪些事」。

【歷史這樣看】了解歷史大事「為什麼發生」，在前一單元講述的脈絡下，提出重要歷史觀念、前因後果、觀察角度等。引導讀者理解為什麼某個歷史事件或某位人物特別重要，而其影響與現代世界的形成有什麼關聯。

二、運用史料、證據、解釋等核心元素，建立探究歷史的概念，掌握文明變遷的脈絡。

三、含括科學革命、啟蒙運動、法國大革命、十九世紀歐洲的工業化、近現代民族國家與帝國主義、二十世紀兩次世界大戰、一九四五年後的世界局勢等主題，按年代順序分為七章，每章前有一總說。

四、目次依事件年代詳列個別歷史事件敘述標題，共列有一百一十餘條。

目錄

編輯說明……003

第一章 科學革命：現代科學的序曲……013

【歷史這樣說】

聖母百花大教堂的穹頂與羅馬方尖碑：城市新地標……015
達文西和米開朗基羅的競爭：文藝復興藝術家的科學精神……016
《佛坦努斯》：魯道夫二世的怪異肖像畫……018
有機式與機械式宇宙觀：近代宇宙觀的轉變……019
契爾學：博學多聞的耶穌會神父……021
日心論：觀察世界的新角度……022
培根與笛卡兒：科學革命時代的研究方法……024
牛頓：實驗與理論並重的科學家……025
工業領域的變革：科學革命的技術成果……026

【歷史這樣看】
超越前人成就：近代歐洲自信心的成長……029
科學研究的基礎：以感官經驗認識世界……030
阿爾欽博多的特色：怪誕、自然物描繪與有機式宇宙觀……032
從有機式到機械式：科學革命的縮影……033
伽利略與契爾學的差異：新舊科學觀的衝突……035
伽利略的理性與信仰：研究上帝真理的新態度……036
《新工具論》和《方法論》：推翻古代權威……037
牛頓與機械論：科學革命的多元性……039
英國工業技術的變革：科學革命的啟發……040

第二章
啟蒙運動：專制歐洲的開明潮流……043

【歷史這樣說】
馬基維里與霍布斯：近代歐洲的政治理論……045
路易十四：歐洲專制君王的典範……047
凡爾賽宮：法國的中心點……048
巴洛克藝術：追求強烈視覺感……050
啟蒙哲士：開拓人類的理性……051

從洛克到盧梭：現代自由主義的成形……053
英國議會與內戰：反對專制君權……055
美國獨立：啟蒙運動在海外的發展……056
【歷史這樣看】
《論基督君主的教育》：馬基維里與伊拉斯謨斯的異同……058
開明專制君王：改革國家的力量……059
巴洛克藝術與君主形象：打造政治表演舞台……061
巴洛克與文藝復興藝術：兩者的同質性與差異性……062
啟蒙哲士與基督宗教：理性與信仰的衝突……063
啟蒙哲士的歷史著作：以古論今……065
潘恩與柏克：爭論君主制度的價值……066
美國《獨立宣言》：實現啟蒙理念……068

第三章 啟蒙運動的後續發展：法國大革命與拿破崙帝國

啟蒙運動的後續發展：法國大革命與拿破崙帝國……071
【歷史這樣說】
法國人民的不滿：大革命前的社會問題……073
法國大革命：建立共和體制……074

拿破崙崛起：法蘭西第一帝國……076
拿破崙戰敗：遠征俄國與滑鐵盧之役……077

【歷史這樣看】

《人權宣言》：天賦人權與自由平等……080
拿破崙掌權的優勢：十八世紀末法國的內外局勢……081
《法國大革命的反思》：質疑啟蒙式自由精神……083
理想破滅：對法國大革命的不滿……084
《女權辯》：自由主義與女性權利……086

第四章 十九世紀歐洲的革命與工業化社會

第四章 十九世紀歐洲的革命與工業化社會……089

【歷史這樣說】

維也納會議：拿破崙戰爭後的歐洲局勢……091
中南美洲的獨立與法國七月革命：挑戰保守主義的嘗試……092
一八四八年革命：遍及歐洲的革命浪潮……094
英國的政治變革：憲章運動與改革法案……095
英國工業革命：邁入工業化時代……096
第二次工業革命：工業生產技術的擴張……098
社會主義的成形：改善人類社會……099

共產主義：創造新社會結構的企圖 101
浪漫主義：十九世紀的歐洲文化風潮 102
【歷史這樣看】
保守主義：重建歐洲的傳統秩序 105
自由主義與民族主義：維也納會議的挑戰者 106
工業革命的起因：英國的條件 108
工業化時代的生活（一）：資產階級的自信 109
工業化時代的生活（二）：無產階級的生活困境 111
工業化時代的生活（三）：霍斯曼的改造巴黎計畫 112
《共產黨宣言》：馬克思共產思想的理念雛型 114
《論自由》：民主體制下的自由精神 116
從啟蒙到浪漫主義：回應社會變化的藝術風格 117
第五章 近現代民族國家與帝國主義 119
【歷史這樣說】
民族主義：近現代歐洲的重要理念 121
一八七一年德義統一：歐洲民族運動的成果 122
奧匈帝國與巴爾幹半島：東歐的民族問題 124

瓜分亞非大陸：歐洲殖民地的擴張……125
一八七八與一八八四年柏林會議：歐洲列強確認勢力範圍……127
明治維新後的日本：唯一邁入世界列強的亞洲國家……128
第一次世界大戰前夕：歐洲列強的明爭暗鬥……130

【歷史這樣看】

民族國家：同胞愛與國家進步……132
俾斯麥與德國：歐陸新強權……133
帝國主義：經濟需求與民族主義的結合……135
〈白人的責任〉：為帝國主義辯護……137
西化或抵抗（一）：十九世紀的印度與中國……139
西化或抵抗（二）：十九世紀的伊斯蘭世界……140

第六章

兩次世界大戰：動盪不安的二十世紀前期……143

【歷史這樣說】

第一次世界大戰：歐洲黃金年代的結束……145
一九一七年俄國革命：建立共產國家……146
美國介入大戰：放棄《門羅宣言》的國際強權……148
《凡爾賽和約》與國際聯盟：維持世界和平的企圖……149

目錄

經濟大恐慌：資本主義世界失序……151
法西斯主義在德義：極右派勢力掌權……152
第二次世界大戰：邁入現代世界……154
【歷史這樣看】
第一次世界大戰的樣貌：大規模戰爭的破壞……156
列寧與史達林：以共產主義改造國家……157
墨索里尼與希特勒：法西斯主義的領導者……159
西班牙內戰：第二次世界大戰的縮影……161
總體戰：新型態戰爭模式……162
種族滅絕：近現代史上的大屠殺……164

第七章

一九四五年以後的世界局勢：從美蘇冷戰到多元化世界……167

【歷史這樣說】
柏林危機：美蘇冷戰的前奏……169
北大西洋與華沙公約組織：美蘇冷戰的擴張……170
冷戰下的東亞世界（一）：分割朝鮮半島的韓戰……172
冷戰下的東亞世界（二）：太平洋島鏈與中蘇關係……173

歐洲聯盟的發展：整合歐洲大陸……175
戰後獨立潮：歐洲傳統勢力的崩解……176
越戰：挑戰美國霸權……178
蘇聯瓦解：冷戰正式結束……179
戰後大繁榮：二戰後的經濟成長與物質生活……181
人權運動：追求平等地位……182
伊斯蘭世界（一）：以阿戰爭……184
伊斯蘭世界（二）：伊斯蘭教義與西方價值觀……185
九一一事件：恐怖主義的隱憂……186

【歷史這樣看】

杜魯門主義與馬歇爾計畫：歐洲經濟復甦政策……189
冷戰成型：美蘇的態度……190
反殖民主義：甘地與聯合國宣言……192
金恩與曼德拉：黑人民權運動的重要人物……194
從《第二性》到《女性主義宣言》：為女性權利發聲……195
《歐洲聯盟條約》：歐盟成立的重要步伐……197
巴勒斯坦問題：二十世紀初遺留的糾紛……198
戈巴契夫：蘇聯瓦解的推手……200
現代美國：與英國不同的世界性帝國……201
九一一之後：世界未來走向……203
參考資料……205

第一章

科學革命：現代科學的序曲

文藝復興藝術家也是科學家。為了追求理想中的視覺效果，藝術家必須學習數學、幾何學、力學、透視法、人體解剖……等。數不盡的藝術作品，既能看到藝術家的創意巧思外，也能看到他們在科學知識上的專業。更重要的是，他們的成就也顯露出親自觀察驗證的自信心，已成為當代重要信念。這意味者古代權威縱使仍佔有重要地位，但已非不可質疑的絕對存在。

作為天文學家，哥白尼可說是對後世影響最大的歷史人物之一。他延續了同時代的研究精神與自信心，提出關於日心論的假設，踏出質疑古代權威性宇宙觀的第一步。在他之後，伽利略等人以望遠鏡證實地心說是錯誤理論，漸漸將哥白尼的假設建構為常識。

有機式宇宙觀在十六、十七世紀仍廣為流行的事實證明，雖然許多人已經掌握現代科學的觀念與技術，但其思想仍未脫離傳統思維。所謂的有機式宇宙觀，是相信世間萬物因某種難以明說的原因會彼此感應與影響，例如出生時的星相將影響到個人外來發展與天賦。藝術家阿爾欽博多，以及耶穌會士契爾學雖具備實物觀察的現代科學精神，但他們看待宇宙萬物時的思維模式仍不脫有機式宇宙觀。直到十七世紀左右，越來越多人提倡後世較為認同的機械式宇宙觀，也就是宇宙乃是一個有眾多零件的巨大機械，才漸漸取代有機式宇宙觀的地位。

天主教會面對科學革命時代的諸多變化有排斥也有接受。因為違反《聖經》，他們要求伽利略收回贊同日心論的言論。另一方面，同時代有許多耶穌會士投身於研究科學當中，在歐洲地區，最有名的莫過於契爾學。同樣出生耶穌會的利瑪竇、湯若望、南懷仁等，則是將他們的科學知識用在對中國的傳教事業上，其科學知識讓中國的統治階級欣賞不已。眾多耶穌會士的生平突顯出天主教會並不一定和科學發展互有衝突。

許多科學革命時代的衝突，源於人類要以何種精神與方法認識大自然的爭論。英國的培根與法國的笛卡兒接連提出他們的意見，屏棄嚴守古代權威的做法，為科學的現代化奠定更扎實基礎。雖不是牛頓的本意，但他的研究方法融合培根與笛卡兒的理論，致使人類世界更往現代科學邁進。

即便還有諸多疑慮與爭執，科學革命確實促進人類發明器械，並理解、控制大自然的自信心。大約在十八世紀的英國，不少人以自己的經驗、技術，親手製作有助於改善工業生產效能的機械，從中可隱約看出一種嶄新的生產模式即將到來。

聖母百花大教堂的穹頂與羅馬方尖碑：城市新地標

西元一四一八年，佛羅倫斯政府發布一個公告，尋求有自信能完成聖母百花大教堂（Basilica di Santa Maria del Fiore）的建築師。這座教堂始建於十四世紀，在歷經數十年後，教堂主體已建設完畢，但天花板上留有一個大洞，準備用來建造能當作佛羅倫斯新地標的穹頂。大教堂一開始的設計相當有野心，計畫要建一個比羅馬萬神殿（Pantheon）還寬，且高度為全歐洲之最的巨大穹頂，而且決定不採用哥德式教堂慣用的扶拱。一直到布魯內列斯基，歐洲人才終於建設了一個不輸萬神殿的穹頂。

徵人公告釋出後，建築師布魯內列斯基（Brunelleschi）被評審團隊選為最高負責人。布魯內列斯基提出來的第一個方案就嚇壞佛羅倫斯人：不需要架設鷹架。「沒有鷹架要如何運送建材，以及支撐建設到一半的穹頂？」布魯內列斯基的大膽提案招致不少批評與質疑，但他馬上以實際行動證明他是對的。他設計先前未曾看過的機械運送建材，仔細挑選建材，嚴密計算建築結構，慢慢地加高穹頂高度。最後，在動工後十六年後，穹頂順利完成，頓時間成為佛羅倫斯的驕傲。羅馬帝國滅亡十個世紀後，歐洲終於出現第一個建築難度超越萬神殿的穹頂。

西元一五八五年，羅馬更舉辦一場吸引全歐洲的徵選，目標是遷移聖彼得大教堂旁的梵蒂岡方尖碑。這座方尖碑是古埃及的產物，由古羅馬人遷移到此處。自從古羅馬帝國滅亡後，歐洲人再也沒有足夠技術移動方尖碑。多位文藝復興教宗千方百計想配合他們的都市計畫遷移方尖碑，但都找不到適合的人選承擔此一重任。教宗西斯篤五世（Sixtus V）決定再次嘗試，最後選上建築師豐塔納（Domenico Fontana）的建築師被選上。教宗授予他莫大權力，可在教宗的管轄範圍內徵收必要物資。豐塔納利用這些物資，建造一個巨大的木製鷹架，上頭有許多齒輪，再以粗繩連接方尖碑和木架上的齒輪，用馬匹和人力拉動。工程開始的第一天，全羅馬城的居民趕緊到聖彼得廣場上搶位置觀賞過程。時間一到，豐塔納一聲令下，工人開始將方尖碑拉出地面，慢慢地一吋吋往上抬，再輕輕放置到地面。接下來就是遷移到新地點後，再用同樣的工具再次豎立起來。西元一五八六年，工程正式結束，全場觀看的羅馬居民爆出如雷掌聲，連教宗也趕快拉著外國使節觀看羅馬全新的地標。

上述兩個故事，反應出近代歐洲社會逐漸高漲的自信心，勇於挑戰古人成就的積極態度。他們或許崇拜古人，但將其成就視為努力追趕後可超越的目標。他們依賴的是自己的經驗和觀察，判斷出最適合的方案。在十五、十六世紀，這股研究精神已是相當重要的處事態度，不久之後，將導引出許多重要歷史發展，例如科學革命。

達文西和米開朗基羅的競爭：文藝復興藝術家的科學精神

西元一五〇三年，佛羅倫斯政府委託達文西在市政大廳的一片牆上，描繪佛羅倫斯在一四四〇年大勝米蘭的昂加里之役（Battle of Anghiari）。有趣的是，佛羅倫斯政府同時委託米開朗基羅在這面牆的對面，描繪另一場勝仗卡希納之役（Battle of Cascina）。這絕對是藝術史上的大事，達文西已是全歐洲頗富盛名的藝術家，而比他小十幾歲的米開朗基羅雖早先以雕刻聞名，繪畫天分也備受肯定。而且，在當時幾乎眾人皆知，這兩位優秀藝術家對彼此都沒有好感。佛羅倫斯的這項委託，另一個角度來看也是這兩位藝術家相互競爭的舞台。可惜因為種種因素，他們都未能留下完成品。但幸運的是，當時留下不少一手資料可讓後人一窺這兩幅作品。

達文西在他的筆記中提到這幅畫時，曾說，「使被征服的戰敗者臉容蒼白，蹙著眉頭，兩眉上方的皮膚布滿了痛苦的皺紋，使鼻子兩側以形如彎弓的紋路，從鼻孔到眼角，使鼻翼擴張——這是上述皺紋的原因，嘴唇拱起露出上齒，牙齒分開跟痛哭時一樣……塵土和正在冒出的血水混合，化成深紅的爛泥。」而米開朗基羅的畫作，則由他的好友瓦薩里記載，「他在畫上繪滿亞諾河畔裸浴的男子，突然遭受敵人襲擊……另有一位老者……當他聽到翻騰的戰鼓和戰士的喧譁聲時，臉部的肌肉及扭曲的嘴形透露出身體的緊張和狂亂。」他們的繪畫雖最後未能完成，但草圖一公布，已讓許多藝術家驚訝不已，如瓦薩里所言，米開朗基羅的畫「就算是有幸看到的人，也無不認為是舉世無雙的傑作」。

「天分」並不足以解釋達文西和米開朗基羅何以畫出如此有臨場感的作品。仔細觀察人體、自然界的萬物，是他們最重要的努力。達文西流傳的許多筆記不斷提到視覺觀察的重要性，其中大量的人體解剖圖，清楚呈現他對人體的深入認識。達文西自己就曾提到，為了描繪最正確的人體結構，他已經解剖十餘具人體。而關於米開朗基羅，瓦薩里則提到，「為了創造完美，他從事無數的人體解剖探討。」因為重視視覺觀察，創造出文藝復興時期的藝術成就。但不只藝術家，文藝復興時期越來越多人將觀察觀察視為認識世界最重要的媒介。他們在此基礎上質疑古代學說，輔以視覺可見的物理證據加以證實，如解剖學、天文學、製圖學等領域皆是如此。來自不同身分、不同學科的努力蘊育出後世所謂的科學革命。達文西和米開朗基羅在西元一五〇三年的競爭，正好見證現代科學精神開始成長的時刻。

《佛坦努斯》：魯道夫二世的怪異肖像畫

西元一五九〇年，神聖羅馬帝國的宮廷畫家阿爾欽博多（Arcimboldo）呈上一幅名為〈佛坦努斯〉（Vertumurs，「四季之神」之意）的肖像畫。這幅肖像畫與文藝復興傳統肖像畫大不相同。以達文西最著名的肖像畫《蒙娜麗莎的微笑》為例，人物正襟危坐，臉上露出一抹微笑。大部分文藝復興肖像畫都是如此，不過在人物表情與背景物上有所改變。阿爾欽博多的《佛坦努斯》也帶有一抹微笑，卻是由各式各類蔬果（南瓜、桃子、櫻桃、玉米、葡萄等）、花草排列組合後，形成的人物肖像畫。雖名為佛坦努斯，但明眼人都知道，阿爾欽博多其實是以皇帝魯道夫二世（Rudolf II）的樣貌為範本，碩大的鼻子，肥厚的雙頰，無一不和皇帝的臉部特徵相契合。

阿爾欽博多生於一五二六年（或一五二七年），父親是一位住在米蘭的畫家。阿爾欽博多受此影響，自幼接觸不少相關訓練，成年後陸續接下教堂裝飾的委託。阿爾欽博多大約在三十八歲那年，進入皇帝費迪南一世（Ferdinand I）宮廷工作，工作內容包括繪製肖像畫、籌備遊行慶典所需的服裝道具等。此後二十餘年，一直留在帝國宮廷工作，麥西米連二世（Maximilian II）、魯道夫二世（Rudolf II）都曾是他的服務對象。為皇帝工作大幅擴張阿爾欽博多的視野，宮廷內收藏不少動、植物標本，而且受益於大航海時代，還有許多來自海外的收藏。除此之外，皇帝的收藏室裡還有來自亞洲的複合式繪畫，例如一群樂手組合成大象的圖案。再加上他早年於米蘭可能看過的，達文西及他的弟子描繪的諸多怪異人像，一同構成他寶貴的作畫經驗。

阿爾欽博多利用他觀察諸多物件的經驗，分別在一五六三年，及一五六六年製作出名為《四季》和《四元素》的系列畫。這兩系列共八幅的作品是獻給麥西米連二世的肖像畫，內容大量運用蔬果植物、各式陸地和水中生物。阿爾欽博多仔細觀察各物種的特徵後，將其巧妙地放在與人體五官最相像的位置；但仔細一看，各個物件卻又能完整保留原始樣貌，清晰可辨，充分突顯阿爾欽博多仔細觀察的科學精神。這兩系列畫作在當時引起不小轟動，阿爾欽博多和他的工作室必須再創作更多複製品供應不同收藏者的需求。十幾年後，阿爾欽博多再次發揮他的觀察與想像，創作出魯道夫二世的肖像畫《佛坦努斯》。這一次的難度更高，因為他不僅要了解各式蔬菜花果的特徵、象徵，更要掌握魯道夫二世本人的臉部外貌，將此兩者結合在一起。

《四季》、《四元素》和《佛坦努斯》這幾幅畫突顯阿爾欽博多在摸索肖像畫的新型態時，兼具仔細觀察自然界萬物特徵的科學精神，具備相當重要的時代意義。

有機式與機械式宇宙觀：近代宇宙觀的轉變

米開朗基羅豐富的靈感與創作技巧，長久一來一直是眾多傳記作家或史家討論的話題。文藝復興著名的的傳記作家瓦薩里，提到米開朗基羅的出生場景時，從占星術的角度出發，相信受水星與金星籠罩的影響，米開朗基羅未來將有了不起的藝術成就。占星術依然存在於現代世界，但鮮少人會再將個人成就認真地與天體運作視為相關聯的。在這一點上，我們與文藝復興時代的人大不相同。因為這牽涉到整個宇宙觀念的不同。

文藝復興時代流行「有機式宇宙觀」（Organicism）。有機式宇宙觀的一大源頭來自柏拉圖和赫爾莫斯（Hermes Trismegnistus）等古代作家，相信宇宙間的萬物，彼此之間因為某種富含感情、意圖、目的等的神祕力量，會互相感應與影響，例如瓦薩里就相信行星位置將影響米開朗基羅的藝術天分。達文西描繪的《維特魯威人》也是呈現有機式宇宙觀的代表，人體在圖畫中間，外有正方形、圓形包圍，強調兩者的相似性。因為對他而言，這兩個東西，其實是上帝真理最具體的表現。阿爾欽博多的《佛坦努斯》會用自然界萬物描繪皇帝肖像，也是認為皇帝權威能映照在世間萬物上。醫學上，人體的各種器官都可對應到各個星座。研究人體，也是深入認識宇宙的管道，因為人就是一個小宇宙。簡言之，文藝復興的人相信，只要掌握足夠多的知識，必定能發現世間萬物彼此間的緊密連結。現在的我們不以「有機式宇宙觀」的角度認識世界，因為其威信早已被「機械式宇宙觀」取代。

「機械式宇宙觀」大概起源於十七世紀，支持者相信這個世界就是由各種零件組成，名為大自然的巨大機械。笛卡兒（Descartes）是最著名的提倡者，他曾說：「工匠所製造的機械和自然所組成的各式事物沒有什麼不同。」在這樣的世界裡，驅使萬物動作的不再是某種有感情、有意圖的神祕力量，因而也談不上相互感應。與笛卡兒同時代的科學家波以耳（Boyle）就為「機械論」下了最佳註解，「雖然如此繁多的齒輪，不同零件都以不同的方式運作，它們沒有任何思想，也不預抱持任何計畫，每一零件依然照預先設定的功能，各司其職，規律地、整齊畫一地好似它們知道該做什麼，並且負責任地完成任務。」

機械式宇宙觀是科學革命對近代世界的另一重大影響。從此之後，這個世界的運作將被許多

科學法則奪去解釋主導權，任何有意從有機式宇宙觀解釋的論點，大多數人視為不過是閒聊時的有趣話題，或被斥為偽科學、迷信。以致於忘了有機式宇宙觀也曾被視為真正的科學，許多歷史上的著名人物都曾著迷不已。

契爾學：博學多聞的耶穌會神父

西元一六二三年，那場幾乎摧毀全日耳曼的三十年戰爭才剛開始。一位年經人甘冒被新教軍隊活捉的風險，穿越戰亂不斷的地區，只為到另一所學校求學。他就是日後著名的耶穌會士契爾學（Athanasius Kircher）。他的一生證明不只科學家、藝術家，就連神職人員都急於認識他們所生活的大自然。

契爾學在一六〇二年生於日耳曼，十歲左右進入耶穌會創辦的學校就讀。耶穌會雖具有強烈的宗教意識，但他們非常注重知識教育，一來有助於他們在社會中發揮影響力，進而傳教。二來他們掌握知識也是認識上帝的管道。契爾學先是學習拉丁文、希臘文和希伯來文的教育。不久後三十年戰爭爆發，因宗教迫害，他不得不在日耳曼地區輾轉求學，努力掌握更多數學與自然科學知識。完成學業後，契爾學留在日耳曼以教書或尋求贊助者維生。在這段期間，他開始陸續發表橫跨不同主題的著作，顯露這位耶穌會士的多元興趣。

正當契爾學邁入中年，他被指派到羅馬服務，自此之後，他的主要活動都集中在羅馬。羅馬是當代歐洲的文化重鎮，也是各國情報、新聞的集散地。契爾學到羅馬不斷吸收來自世界各地的新知要聞，豐富自己的學養。除了被動吸收，他也找機會實地勘查各地自然現象。契爾學不僅考察自然現象，還會親手設計實驗器材，驗證各項假設的合理性，相當富有現代科學的精神。契爾學一生著述眾多，且跨越不同領域，包括地理學、製圖學、光學、古埃及學（他的著作有助於日後破解埃及象形文字）、古物學、植物學、動物學、火山學、天文學、占星學等，可說是科學革命時代的一位全才型學者。他的研究更充分顯露，科學革命時代的知識分子是如何求知若渴地研究世間萬物。

隨著著作日漸豐富，契爾學的名聲也水漲船高。不只與各地統治者（無論新舊教）保持良好關係，就連教宗也以禮相待，許多重要大事還會參考他的意見。願意出資贊助他的多半是當代歐洲最有權勢，或身分地位甚高的統治者，如教宗、皇帝等人。契爾學在知識圈也頗負盛名，許多學者到羅馬總是想與他見上一面。在西元一六八〇年，年歲已高的契爾學逝世。在當時，培根和笛卡兒、牛頓等人的理論正在歐洲各地發酵，推動科學革命邁向高峰。

日心論：觀察世界的新角度

許多現代世界認為理所當然的事情，都曾在人類歷史上引發一番爭論，例如這個世界到底是以太陽為或以地球為中心。在古希臘羅馬時期，這兩種理論都有人支持。基督宗教興起後，因為地心說較符合神學理論，又有著名哲學家亞里斯多德背書，廣為世人接受。歐洲歷史上當然還是有人持續討論這個議題，但真正能引發一場撼動歐洲宇宙觀的革命，必須要到哥白尼與伽利略的研究公諸於世之後。

哥白尼生於一四七三年，早年接受相當完整的人文主意訓練，精通拉丁文，對希臘文也有涉獵，還曾接受數學、幾何學、天文學、醫學、教會法、數學等訓練。哥白尼完成學業後，從事翻譯、會計及經濟學研究，但對後世影響最大的還是他的天文學理論。哥白尼在工作閒暇之餘不斷研究天文學，包括實際觀察及閱讀古代相關著作。透過自己的思考，他提出一個可能性假設：這個世界是以太陽為中心，地球不是不動的天體。當時的教會中心，如教宗其實早就知道哥白尼的設想，但他們並未強力鎮壓哥白尼。因為哥白尼未能提出缺乏確切物理證據，現階段充其量不過是一種假設。而且他本人也知道現有假設的爭議性，總是盡可能地低調討論。哥白尼的假設最後集結在他命名為《天體運行論》（*De revolutionibus orbium coelestium*）的著作裡，或許哥白尼和教會方面都沒預料到，這本「假設」日後將掀起莫大波瀾。

缺乏物理實證是哥白尼假設的不足之處，這項空白將由伽利略填補。伽利略生於一五六四年，自幼接觸數學、幾何學、天文學和藝術訓練，親眼觀察、動手實證是他的主要研究方式。在思考哥白尼假設時，他利用親手製作的望遠鏡，發現木星也有衛星。換言之，並非所有星體都以地球為中心。嚴格來說，這並不是哥白尼假設的直接證據，但已用實際物理證據挑戰地心說的概念。以此為起點，他發現越來越多足以挑戰地心說的證據。在一六三二年，伽利略將他的研究心得放在《關於托勒密和哥白尼兩大世界體系的對話》（*Dialogue sopra i due massimi systemi dei Mondo, tolemaico e copernicano*）一書中，正式否定地心說。這本著作引起教會強烈不滿，隔年，他被召喚到宗教裁判所面前，命令他放棄自己的理論。伽利略最後選擇放棄。根據傳言，他當下忍不住小聲抱怨，「可是地球確實在動啊。」

從哥白尼、伽利略開始，日心論獲得越來越多人的認同。教會雖曾經壓制伽利略撤回自己的意見，但他所相信的宇宙觀，將由後來諸多科學家不斷驗證，使之從假設漸漸成為眾人皆知的常識。至今日，教會也不得不承認當年的錯誤。

培根與笛卡兒：科學革命時代的研究方法

今天，當我們提到科學研究時，不免會有以下想像：提出假設後，開始大量實驗，並從中尋找可加以歸納的特性。在這個過程中，數學總是佔有重要功能，協助我們用來計算，甚至表現研究成果。最後我們會知道，事物之所以如此，是因為物理或化學特性使然。以上研究方法與精神，大多從科學時代開始建立，如伽利略用望遠鏡觀察天體，證實哥白尼理論的真實性，克卜勒（Kerpler）用數學和幾何學介紹他的行星運動定理。但他們還不能向當代歐洲人提出有系統的研究方法。這個工作最後主要由培根（Francis Bacon）和笛卡兒開始，最後再經由牛頓使之更加穩固。

培根生於一五五四年的英國，家世顯赫，成年後的大多數精力也耗費在政治活動。西元一六一八年，他被控收賄面臨牢獄之災，出獄後才更專注在對後世影響極大的歸納法。培根的歸納法有兩大重點，第一，觀察後還必須分析歸類。他鼓勵人們做實驗，以從中釐清各物質的特性。但不是單純收集資料即可，還必須分析其性質才是聰明的歸納者。第二，無法接受不能親自實驗歸納的理論。他不認同哥白尼的假設，因為哥白尼並未提出明確物理證據（確實也是如此）。培根更無法接受數學，因為那是無法驗證的演繹推論。

笛卡兒生於一五九〇年的法國，同樣來自富裕家庭，其生活經歷之豐富不下於培根，遊歷歐洲各地，還曾從軍。笛卡兒也是當代科學家，但他留下來的方法論較廣為人知，影響也更大。在他的概念中，「上帝存在」為無庸置疑的前提，以此為前提，他想利用自己擅長的數學與幾何學，探討宇宙本質或事物發生之原因。笛卡兒也有更強烈的物質主義傾向，將宇宙視作可一一拆解分析的機械。他相信只要以理性研究，必定能找到推動世界運作的物理法則。

培根和笛卡兒在生前都曾做過科學研究，但真正讓他們的名字流傳於世的卻是其科學研究方法。不可否認的是，他們的方法都有不足之處，不過現代科學已有共識，歸納法與演繹法都是不可忽視的理論。當眾多科學家起身質疑古代，卻又苦於建立一套真正有效的研究過程時，他們提出更有系統的方法與精神，提供現代科學發展所需的事物，使古代科學理論的威信更遭受進一步重挫。

牛頓：實驗與理論並重的科學家

在人類歷史上，曾有許多科學家都對人類有莫大貢獻，但真正能被後人廣為紀念的少之又少，牛頓（Newton）即為其中之一。他的重要性不只在於他的科學研究成果，還因為他將培根和笛卡兒的方法論融為一體，為現代科學奠定更紮實基礎。

牛頓在西元一五四三年生於英國，他的母親一開始希望他繼承家庭事業當農夫，不過最後還是放手讓他追求學問。牛頓在十八歲左右進入劍橋大學就讀，在此接受當時最新的天文學說，也就是哥白尼、伽利略、和克卜勒等人的理論。大學畢業後，他優越的數學表現為他在大學獲得「研究員」的職位，日後進入皇家學會（Royal Society），身處當代英國的科學研究中心。

邁入中年的牛頓，除了專心研究數學、煉金術，偶爾與其他科學家爭辯、翻臉外，還從事許多自然科學的研究。例如他以實驗證明光線其實是由不同顏色的光組合而成，並非如同先前斷定的，不同顏色的光都是由白光（自然光）經過三稜鏡後被改變後的結果。牛頓提到這實驗結果時，自信地宣稱，「很少自然學家會期待看到（關於顏色的）科學以數學的形式呈現，然而我大膽斷言，這其中的確定性是毋庸置疑的，就如同在其他光學的領域一樣。我所說的並非假說，而是最堅實的結果。不光是從如此這般的推論中獲得，也不是因為它滿足了所有的現象……而是由實驗的深思中顯現，直接且毫無疑問的。」

牛頓的光學研究，已出現融合演繹與歸納法的傾向。他用同樣的精神研究重力，寫下著名的《自然哲學的數學原理》（*Philosophiae Naturalis Principia Mathematica*）。他在這本書中，利用天文觀察結果，搭配數學計算，建構一套力學公式，藉此推算各行星的質量，使哥白尼的日心論更顯完善。《自然哲學的數學原理》一書中也可看見牛頓的科學研究精神。他強調儘管在一開始面對諸多假設，但經過多次的實驗、觀察後，總能排除錯誤假設，或是使我們的原先的假設更加精確，進而引導我們邁向更正確的知識。

牛頓在世當時還做過許多科學研究，生前已享盛名，死後葬在向來只有身分、成就最顯赫的人才能入葬的西敏寺。墓碑上有一顆地球，以此紀念他對人類認識自然界的卓越貢獻。

工業領域的變革：科學革命的技術成果

克卜勒曾在一封寫給伽利略的信中，表達對於當代諸多新發現的喜悅，「理論推演與視覺經驗上有多麼大的差距啊，在托勒密的兩極討論與與哥倫布發現新大陸可以看見。」（How great a difference there is between theoretical speuclation and visual experience, between Ptolemys discussion of the Antipodes and Columbus's discovery of the New World.）克卜勒的興奮述說一個重要發展：從他們那個時候開始，後續發展將遠比克卜勒所能想像的還要巨大。

十七世紀之後，西方文明的科技成果不斷進步，他們信心滿滿地以科學方法探索並控制廣大世界。在歐洲內部，許多古代問題一一解決，如到底是太陽在動還是地球在動。看待世界的方法和角度也在改變，望遠鏡、顯微鏡及各式各樣的科學儀器，擴大人類的感官世界。培根、笛卡兒和牛頓，也陸續提出不需依賴古人的科學方法和精神。漸漸地，西方文明的科學知識與技術成就超越東方，同時代的大清帝國雖稱霸一方，但天文學、繪圖學、機械技術等已無法與歐洲競爭。圓明園裡的十二獸首噴泉，當初藉助西方傳教士的技術方能建成，故障後，整個中國竟無人有能力修理。

時序進入十八世紀，歐洲各大王國正為了王位繼承問題與領地所有權爭戰不休時，英國出現一些看來不甚重要的工業技術革新，但從後世眼光來看卻是人類的重大發展。西元一七三三年，凱（John Kay）發明飛梭加快紡紗技術。但英國人並不因而滿足，在他之後有一連串關於紡紗技術的變革，如木匠出身的哈格文斯（James Hargreaves）在一七六四年，以及阿克萊特（Richard Arkwright）在一七六九年，分別公布他們改良過的紡紗機。大幅提升的生產效率，以用來應付英國在海外不斷擴大的市場，使英國經濟更加繁榮。除了生產技術，動力來源也有一大突破。傳統動力來源為獸力、人力，或是大自然中的水力及風力。西元一七一二年，紐科門（Thomas Newcomen）利用蒸汽引擎將礦坑地下水排出。大約五十年後，瓦特（James Watt）改良蒸汽引擎，使動力使用方式更有效率。自此之後，人類將享有更強大也更有彈性的動力來源。以上工業技術的變革，相當程度上都是受前人啟發。

科學革命之所以能不斷發展，利用自己的觀察、經驗，親自動手製作有益於研究的器械是一大關鍵。伽利略自己組裝望遠鏡觀察行星，而耶穌會神父契爾學組裝顯微鏡尋找引發瘟疫的源頭，肯定發明器械是科學革命留給西方文明的另一項遺產。這讓世人更有自信地認為，人靠自己的器械也能觀察自然，甚至控制自然為人類尋找利益。研究自然不再只是滿足好奇心，其中也帶有尋求進步的樂觀精神。伽利略利用自己的發明，找到宇宙運作模式。而英國發明家則找到更有效率的生產模式，奠定英國日後能邁向更大規模工業國家的道路。

歷史這樣看

超越前人成就：近代歐洲自信心的成長

萬神殿、方尖碑這兩個古蹟自中世紀以來，就是歐洲著名的古蹟。對於生活在文藝復興時代的人而言，這些古蹟是既偉大又難以超越的存在。文藝復興之所以尊崇古羅馬文明，除了其豐富文化產物外，還有許多不知何時才能超越的偉大成就。建設超越萬神殿的新穹頂，或是移動尺寸巨大的方尖碑，都是好幾個世紀以來的歐洲無法超越的先例。古羅馬古蹟不僅表現前人的偉大，也突顯出自身的不足。「超越前人成就」因此顯得別具意義。

穹頂實際上就是「拱」技術的延伸。拱的歷史悠久，古羅馬時代就已大量運用這項技術，中古歐洲仍持續採用，並發展出更多元的建築樣式，例如哥德式教堂就是中古時代的流行樣式。多重扶壁支持牆的四周，這樣才能建設出高聳的哥德式教堂。但佛羅倫斯需要的穹頂不僅在規模上超越萬神殿，又不會運用到任何一座扶壁，施工難度遠超過萬神殿，既存的羅馬古蹟也未曾示範此一構思的可行性。但布魯內列斯基做到了，他為聖母百花大教堂建設的穹頂，不僅成為佛羅倫斯的地標，更具有「成功挑戰前人成就」的象徵意涵。豐塔納新豎立的方尖碑也有同樣意義。

十六世紀當時一位名叫美爾卡提（Michele Mercati）的教宗御用醫生，同時也是古蹟學者、植物學者，寫出《論方尖碑》（*De Obelischi*），專門討論方尖碑的歷史。他特別提到，移動方尖碑曾是許多教宗未完成的夢想，因為沒有任何一位藝術家有把握承擔此一任務，就連大名鼎鼎的米開朗基羅也是如此。豐塔納在沒有任何直接相關的古代文獻可參考下，自己設計、構思道具與移動方法，五年內豎立四座方尖碑。重新豎立起方尖碑令許多歐洲人為之著迷，在很長的一段時間內，是到羅馬觀光的重要景點。

在豐塔納死後，十七世紀傳記作家貝洛尼（Giovanni Pietro Bellori）的，在《現代畫家、雕刻家和建築師的生平》（*The Live of the Modern Painters, Sculptors and Architects*）提及豐塔納的一生時，認為遷移方尖碑是他的最高成就。他的碑文也只有提到遷移方尖碑的事蹟，「多門尼加·豐塔納，羅馬貴族，用心於重要事物並獲得顯赫成就。在具有古代美德與新興榮耀的教宗西斯篤之命令下，他豎立極其巨大、曾一度傾斜的方尖碑。」貝洛尼的記載見證歐洲技術史上的重要時刻，更見證歐洲人逐漸增長的自信心。這股自信心日後將支持他們持續檢驗過去，影響到的不只是一棟建築或古蹟，而是西方文明的世界觀。

科學研究的基礎：以感官經驗認識世界

「用自己的感官認識世界」是近代科學得以興起的關鍵。在科學革命以前，中古歐洲也有用感官探索世界的先例，但在古代權威仍不可質疑的前提下，影響力相當有限。文藝復興重視考證、觀察的精神除了激發偉大藝術家的誕生，也在其他領域慢慢推動變革，例如解剖學。

巴特費爾德（Hebert Butterfield）在一九四九年出版的《現代科學的起源》（*Origins of Modern Science*），至今仍是研究科學革命的經典之作。本書以許多故事，深入淺出地介紹科學革命的起源、發展及影響，例如文藝復興當時的人文主義運動、藝術家，紛紛透過感官經驗與自我思考，一步步地摧毀古代權威。人文學者藉由鑽研古代著作，發現許多他們視之為權威的理論，在古代也面臨許多辯駁。另一方面，藝術家在他們的工作室裡，為了表現更多元的藝術手法，總是不斷地研究、觀察自然。巴特費爾德形容他們的工作室「就像現代實驗室」。

巴特費爾德更花了相當篇幅分析解剖學者維薩留斯（Andreas Vesalius）的一生，帶領讀者更深入認識科學革命的關鍵發展。維薩留斯生於西元一五一四年，早年接受紮實的醫學訓練，曾經也是亞里斯多德和蓋倫（Galen）等古代權威的追隨者。但在一次又一次的解剖過程中，他發現許多部分不像古代作家所說的那樣。一開始維薩留斯還以為是自己看錯，經多次驗證後才相信長久以來視為權威的理論，也有許多需要修改的地方。他在一五四三年出版《人體結構》（*De humani corporis fabrica*）一書。不僅提出不少與蓋倫相違背的見解，還用許多精美圖片（多虧印刷技術的進步）解釋他的新發現。維薩留斯的理論對當時的人而言過於創新，當下也引來不少質疑。隨著時間過去，就如同哥白尼的日心說一樣，越來越多研究成果證實維薩留斯的說法更符合現實。接下來的幾十年間，更多人發表有違古代理論的解剖發現，如哈維（William Harvey）發現人體的血液其實會順著血管循環，而非如古代所言靜止不動，利用感官認識人體的成就又往前邁進一大步。巴特費爾德在結論提到，「無論就研究方法或結果而言，我們終於可以看到某種可視為科學革命的徵兆出現。」

類似的故事在當時屢見不鮮。西方文明在實務觀察的基礎上，一步步擺脫上古及基督教。固然還有許多事物有待研究，但在此一環境氛圍下，他們將更容易深入探索自然界的奧妙，進而發展出一套新的知識體系。

阿爾欽博多的特色：怪誕、自然物描繪與有機式宇宙觀

阿爾欽博多看似玩笑的肖像畫，和神聖羅馬皇帝的治國策略有關。哈布斯堡家族的查理五世曾統領查理曼以來最龐大的領地，但他在死前，迫於政治現實壓力，將帝國一分為二，哈布斯堡家族因而分為西班牙支系與神聖羅馬帝國（奧地利）支系。西班牙支系得利於美洲財富，成為全歐洲數一數二的強權。而神羅馬帝國支系受限於宗教糾紛，及各大小諸侯的不服從，實際權力相當低落，可說是有名無實的皇帝。這些皇帝較無心於以武力強化地位，他們在宗教及政治事務上不斷妥協，尋求國內和平。另一方面，他們積極延攬歐洲各地的有能之士，將宮庭打造成多元的文化中心，以此展現帝國皇帝的寬容大量。在此背景下，阿爾欽博多進入皇帝宮廷內工作。他在見識宮廷內的諸多收藏後，創造出包括《佛坦努斯》在內的組合式肖像畫。

相較於達文西、米開朗基羅等文藝復興藝術家，阿爾欽博多的受矚目程度不如他們，不過他在藝術史上重要性絕不低於他們。近幾年來有越來越多研究顯示，阿爾欽博多相當擅長於將當代最重要的藝術、文化潮流結合在一起，開創西方藝術史上的新風格，例如集結多位研究者成果的論文集《阿爾欽博多：1526-1593》（*Arcimboldo: 1526-1593*）。

綜觀《阿爾欽博多：1526-1593》的內容可知，至少有以下關鍵字可用來形容阿爾欽博多的創作：怪誕畸形、組合圖像、自然圖像及有機式宇宙觀。自然圖像，顧名思義指圖片中的各種自然元素。描繪自然圖像是古典時代既有主題，文藝復興藝術家不斷精進，畫出越來越精緻的圖像。除了追求寫實，文藝復興藝術家開始嘗試「怪誕畸形」（某種程度上改變真實比例與造型）

和「組合圖像」（將多個單獨物件巧妙地排列組合後，形成另一個物件）這一類藝術表現手法。同樣的，這也是在前人成果上大肆發展的技巧。以上種種最後再由有機式宇宙觀串連在一起。有機式宇宙觀相信世界上許多看似不同系統的事物，彼此都有所關聯，甚至會互相影響。阿爾欽博多的《四季》及《四元素》和《佛坦努斯》，之所以會大量運用自然界的萬物組合成肖像畫，意在彰顯皇帝權威無所不在、無所不能的權力，萬物都由他掌握。

阿爾欽博多的創作理念濃縮了科學革命早期的心靈世界。當時雖然相當看重視覺觀察，並懷抱加以歸納分類、深入研究的企圖心，但另一方面又接受自古流傳下來的「有機式宇宙觀」。阿爾欽博多正處在新舊科學交會的分水嶺上，不僅是藝術史上的案例，也可說是科學史上的代表人物。他的多元性具體而微地反映出他所生活的大時代，這正是越來越多學者希望深入認識他的原因。

從有機式到機械式：科學革命的縮影

從機械論的觀點來看，宇宙就是「質量」和「運動」的交互作用而成。此一理論的出現，有助於人類拓展製作機械、控制大自然的信心。在往昔，人類製作的器械不論多麼精緻，都被視為對宇宙真理的模仿，雖然相似，終究只是次級品。機械論讓許多人相信，人類製作的器械不再只是模仿，而是以較小規模重現宇宙真理，例如波以耳便以真空泵浦向大眾示範大氣壓力的物理原則。然而，就像日心論一樣，機械論出現後並未立即取代傳統宇宙觀。波以耳的實驗結果，便被不少人從有機論的觀點如此解釋：「水」（流體）厭惡「真空」。伽利略即為其中一人。在科學革命當時，有機論依然活躍於許多科學家的心中，除了伽利略，以三大行星運動定律強化日心說的克卜勒也是如此。

克卜勒生於一五七一年，對天文學，特別是日心說相當感興趣。他從一五九八年起在天文學者第谷（Tycho）手下工作。第谷死後接手龐大的觀察資料，再加上個人研究，提出著名的三大行星運動定律。他在晚年集結個人研究成果完成《世界的和諧》（*Harmonice Mundi*）。克卜勒在書中運用極其大量的觀察資料，及數理運算公式討論星體運作，相當具有現代科學的思維。但他在同一本書中，毫不避諱地讚頌柏拉圖、亞里斯多德式宇宙觀，融入他對宇宙的理解中。他力圖論證行星運作所代表的宇宙真理，也體現在幾何學、音律學上。他相信上帝將同樣真理灌注在每個看似不相干的事物中。

「科學革命」一詞很容易讓人誤會我們所認知的現代科學觀，是在短時間內成形的事物。事實不然，後世歸類為科學家的諸多名人，其實也具備許多以現代角度而言非科學的面向。在現代科學逐步站穩腳步的年代中，本來就有很多難以撼動的歷史傳統，或是單憑新科學難以釐清的部分。更重要的是，切莫因現代科學觀念而認為他們相當迷信，或否定其成就。克卜勒將天文學、幾何學和音律學融為一體，但他確確實實已有一隻腳跨入現代科學的領域中，許多科學家都是如此。直到今如，現代科學仍有許多難以解釋的現象，或無法滿足人類好奇心的地方。這或許也就是為何像占星術這類不被承認為科學的事物，仍廣為流傳於人類社會當中。

伽利略與契爾學的差異：新舊科學觀的衝突

西元一六三三年，天主教會判定伽利略宣揚異端，要求他收回關於日心論的見解。天主教會並不反對科學發展，他們之所以鎮壓伽利略，因為其論點已牴觸《聖經》內容。持平而論，只要不嚴重違背神學觀念，天主教會其實對於研究自然科學採取相當寬容的態度。以耶穌會為例，他們的修會內聚集了一批當代最有成就的學者，如利瑪竇、湯若望、南懷人，以及契爾學等人，他們在科學上的造詣不下於當代歐洲的其他科學家。他們也具備現代科學的精神，像是培根所提及的觀察、實驗研究法，也是契爾學慣用的研究方法。他曾爬上維蘇威火山實際考察火山口，或是親自發明機器研究光學、聲學，利用顯微鏡尋找引發瘟疫的病因。用實驗斷定阿基米德以太陽反光燒毀羅馬人軍艦的故事根本不可信。不可否認的是，契爾學生前雖因眾多研究成果享有極高聲望，死後名聲卻遠不如伽利略。要了解其中原因，必須回頭觀察契爾學的著作。

高德溫（Joscelyn Godwin）的《契爾學的世界劇場》（*Athanasius Kircher's Theatre of the World*）是最完整介紹契爾學科學成就的作品之一，內容更集結其作品中的大量版畫，極具參考價值。他在第一章開宗明義提到，契爾學曾是十七世紀歐洲最富盛名的學者，但後來的歷史學者幾乎遺忘了他。他認為原因有三，第一，他的著作都以拉丁文寫成，這意味者不容易流傳。第二，研究領域太廣，難以整理。第三，也是最重要的原因，他的研究成果仍奠基在傳統觀念上，常以古代權威的概念或神學角度解釋事物成因。例如他在解釋磁力時，認為這是宇宙中的慾望和排斥力量相互作用的結果，也說人體的各部分之健康狀況，也可對應天上各星座。換言之，契爾學相當程度上仍依附在天主教會的傳統論述下。伽利略與契爾學這兩位科學家在世當時的際遇大不相同，死後也是如此，世人逐漸遺忘契爾學，而伽利略至今仍是受人敬重的科學家典範。

契爾學生活在新科學的萌芽階段，融合新舊科學觀的作法，在現代看似矛盾，在當時確實是相當常見的情況。不只契爾學，就連哥白尼也是如此，他雖相信日心論，但完全仿照古希臘理論建構宇宙樣貌。直到眾多科學家一一建構更具現代精神的科學觀念與內容後，契爾學的研究成果將顯得越來越過時，以致於未能留下顯著影響。

伽利略的理性與信仰：研究上帝真理的新態度

就如同許多與他同時代的人一樣，哥白尼並不盲從古代理論，更相信自己親眼所見與思辨結果。哥白尼如此，日後證日心論的伽利略也是如此。他們延續並發揚文藝復興時代的實證精神，以物理證據重創地心說，推翻古代權威。同時，他們也像許多文藝復興藝術家一樣，具備虔誠信仰，結合科學與宗教。

西元一六三三年，教會因無法忍受伽利略的意見，判他有罪。因為他相信「太陽是宇宙的中心，並不從東向西移動，而地球是移動的，並且非宇宙的中心」，這個思想「虛構的並違背神聖的經典」。縱使他的論點與基督神學相違背，也切莫因此斷定他反對基督宗教。他相信整個大自然也是上帝真理的表現，如果研究成果和《聖經》內容有所差異，可能是人類在理解《聖經》時造成的錯誤。如同他曾在一封信中提到，「我認為在討論自然界的問題時，我們一定不要從《聖經》段落的權威出發，而是從感覺經驗和必要的論證開始。因為《聖經》和自然現象都同樣來自神的語言，前者是聖靈的命令，而後者是尊崇上帝命令的執行者。……感覺經驗置於我們眼前或者必要地證明向我們證實的自然現象，不會因為《聖經》段落的證據而遭到質疑（很少收到責難），在《聖經》背後也許有不同的含義。」

簡言之，伽利略將上帝真理分為兩個層次，一個是大自然，另一個是《聖經》。他並不因相信日心說，就否定《聖經》的存在價值。他所強調的是，《聖經》絕對不是認識上帝真理的唯一來源。

日心說顛覆的是人類的宇宙觀，而非基督宗教（至少提倡者的原始動機是如此）。顯而易見的，哥白尼和伽利略這兩位天文學家傳承了文藝復興時代重理性、實證的精神，但他們兩個並沒有極端到想用科學取代宗教。對他們而言，科學也是用來認識上帝的手段，只不過有時會和既定觀念有所出入。在他們兩個起頭的道路上，還會有越來越多科學家加入，他們用伽利略提到的理性、實證精神，將日心說構築成更完整的理論。不僅如此，他們還將在眾多領域有所發揮，但絕不是為了更徹底攻擊基督宗教，而是想用新的觀點研究基督宗教或上帝。從這層意義上來看，科學革命的重要性，在於利用與以往不同的研究方法（理性），認識同一主題（上帝真理）的不同對象（大自然）。

《新工具論》和《方法論》：推翻古代權威

從十五世紀起，以葡、西為首的歐洲人遠離近海，航行到世界各地。在這過程中，他們見識到先前未能想像的人事物，無意間帶動各種學識的進一步發展，例如動物學、植物學、人類學。

即便是在歐洲本土，也有諸多科學上的新發現，一一撼動世人的眼界。「該用什麼心態或前提研究這些新事物」，也成了科學革命當時的重要議題。

其實早在十六世紀末，就有不少人對亞里斯多德式或經院哲學式的科學理念提出質疑，特別是有越來越多新發現已無法再用傳統認知解釋。要捨棄這些東西並不容易，畢竟好幾個世紀以來，歐洲的科學研究都是立基在此之上。「認識新事物」並不等同於完全推翻舊有認知，哥白尼就是顯著案例。他雖然支持日心論，但他的宇宙樣貌延續中世紀傳統，相信宇宙是一個完美的球形，所有行星都在這種最神聖的幾何圖形中運動，且我們所處的宇宙也是世間唯一的宇宙。到了今天，已有許多科學實證，證明這種觀點問題重重。這些相當程度上仍視古代理論為權威的思維，都是培根和笛卡兒想要推翻的內容。他們相信，如果人類無法拋捨過去的理論和方法，只會阻礙科學發展。

《新工具論》（*Novum Organum*）是培根最重要的著作，他的許多重要理念都源自於此。他相當在乎人類未來的科學研究是否能奠基在新基礎上，因為他認為，「如果只是在舊基礎上添加或嫁接新事物，期望在科學的領域上能有重要發展根本是空想。我們必須在重要基礎上有所更新。」

打破舊事物的侷限，正是培根要求人們觀察、實驗，並運用自我思考的真正意義。他所提倡的方法背後，懷抱對未來科學發展的重大期待。笛卡兒也是如此，他所謂的「我思故我在」，也是看到傳統方法的不可靠性之後，轉而將認識事物的尺度放在自己的理智上，權威不再佔據重要位置。他在其作品《方法論》（*Discours de la méthode*）中如此闡述理念「「凡是我沒有清晰意識到的東西，絕不把它接受為真理。也就是說，要避免輕率和偏見，除了清晰明顯地呈現在頭腦中讓我沒有任何理由懷疑的東西之外，在我的判斷中不去理解更多的東西。」在接下來提到，只要方法正確，世上沒有任何人類無法知道的東西。

科學革命之所以重要，不單單只是其提出日心論，利用望遠鏡，或是發現人體的血液會移動而已，也包括改變了人類認識世界的新方法。如今，一項理論是否正確，不再顧慮到是否和權威相符合，而是能否經得起事實驗證。經歷科學革命，西方世界更具備現代文明的樣貌。

牛頓與機械論：科學革命的多元性

牛頓的運動定律雖然為機械式宇宙觀打下更穩定的基礎，但他從來不以此明確向世人表明他支持機械論。他雖以科學家身分留名於世，不過眾多資料顯示，他對煉金術的研究熱誠不下於任何科學知識。依照現代定義，很容易讓人誤會成牛頓是集矛盾於一體的科學家。不過在他的理解中，兩者都一樣具有科學性。除了對煉金術的熱愛，他對機械論的曖昧態度，更加突顯出科學革命時代的多元性。

近年來有越來越多學者開始注意到，科學革命並非不斷邁向現代，毫無阻礙、自信滿滿的一段年代。許多在此之中的科學家，他們會彼此批評、反對，例如謝平（Steven Shapin）的《科學革命》（*The Scientific Revolution*）對此有很好的論述。謝平長久以來相當關注科學發展與社會脈絡的互動，《利維坦與空氣幫浦》（*Leviathan and the Air-pump*）也是他的代表作。他在《科學革命》一書中提到，牛頓自信地宣稱他的光學研究建構在實驗觀察上，具有不可質疑的正確性時，引來包括波以耳在內，許多皇家學會成員的質疑與不滿。他們認為，事物之成因何其複雜，牛頓的實驗條件及過程又有待重複驗證，難保不會有其他特例證明牛頓過度自信，甚至批評他的作法與崇拜教條主義的古代模式一樣。謝平在《科學革命》中還列舉許多科學家彼此爭論的議題，意在呈現科學革命的多元性，不能只用單一角度通盤解釋，「十七世紀的自然哲學家面臨著不同樣式的實作及概念技巧來達到各種不同的哲學目的，也面臨著該選擇什麼樣的目標來達成。雖然目標都是關於自然世界的適當哲學知識之某種概念，但那知識的樣貌及如何確立該知識則存在著極大的不同。」

以牛頓與機械論為例，牛頓不甚積極的態度源於機械論仍有許多待解決之處。機械論者雖然確信人可以認識名為宇宙的機械，但由誰推動這個機械，機械的動力來源是什麼，他們除了歸因於上帝外，無力進一步證明。在這一點上，他們與有機式宇宙觀有同樣困境。不可知的事物仍多到牛頓難以無條件接受機械論。

科學革命顛覆我們的宇宙觀，印證某些研究方法的可行性，使得身為人類的我們更有自信去認識這個世界。但一味地強調著名科學家的現代性，不僅違背歷史真相，更是在塑造英雄神話。科學革命之後，也不是所有事物都轉換成新科學的樣貌，舊理論仍在許多地方暫填新科學的不足。科學革命更像是一股潮流、趨勢，而現代世界不斷往這股趨勢傾斜。

英國工業技術的變革：科學革命的啓發

即便不是科學家，眾人仍可感受到科學革命帶來的改變。如今，許多人充滿自信地探索世界，滿足自己的求知慾。培根當年出版的《新方法論》，封面是一艘大型歐洲帆船，剛駛離海克利斯雙柱般的地狹，往無盡的海洋前進。下面有一句拉丁名言，「眾人往前，科學進步」（*Multi pertransibunt & Augebitur scientia*）。這張圖片不僅是他對自己的期待，也可說是他對歐洲科學未來發展的期待。確實在此之後，歐洲的科學成就不斷成長，各國的皇家科學院紛紛成立，王室以國家力量推動科學發展。民間非學院出生的工匠、技師，也接連投注他們的技術和經驗，開發更有效能的生產技術。雖然技術和理論還未完美結合，但在名為「科學」的大旗幟下，如同培根所言「眾人往前，科學進步」。約略以此為起點，西方世界的科學成就正要超越已領先許久的東亞文明。

以研究近代歐洲聞名的英國史家克拉克（Sir George Norman Clark），在他的《近代早期歐洲》（*Early Modern Europe*），如此解釋科學為何會在歐洲越來越發達，「有無數動機促使人們從事科學工作、清除科學觀的各種障礙，但是我們可以把最重要的動機整合在一個統一的標題之下，而且要始終牢記，在實際生活中，它們都是相互混合在一起的。」他所謂的「無數動機」，有經濟上的（海外擴張須要新的器械，或礦主想要更有效率的搬運方式等），有軍事上的（更精確的大砲），有藝術上的（藝術家鑽研光學）。而克拉克最後總結道，這些動機都可歸屬在所謂的「求知慾」之下，「更深更強烈的動機是研究科學奇觀、宇宙中未闡明的秩序，把它作為造物主意志的體現。」

培根用大船艦當作《新方法論》的封面不難理解。插圖上的海洋，代表一大片未知的科學領域，大船則象徵著向前探索的眾人。心論、血液循環論、望遠鏡、顯微鏡，到各式各樣的工業生產機械，無一不在克拉克所提及的「求知慾」之鼓勵下流傳於世。人們不再只是回頭翻閱前人說了什麼，而是依實務經驗，想辦法滿足他們自己的好奇心及目的，這便是科學革命留給工業時代最重要的心理基礎。有太多例子可以向他們證明，保有好奇心，終能發現更好的方法、技術及器械解答疑問，甚至進一步控制大自然。

第二章

啟蒙運動：
專制歐洲的開明潮流

在歐洲實行已久的君主制度，歷經中世紀、文藝復興之後，邁向更專制集權的道路，整個國家得以統合在君王權力之下。法國國王路易十四是歐洲專制王權的代表人物。他幼年繼位，國政長時間以來一直由樞機主教掌控，將法國打造為具有強大中央政府的集權國家。路易十四親政後延續同樣路線，利用各種手段將國家實權掌握在自己手中，並將自己包裝成至高無上的偉大統治者。在路易十四的眾多宣傳媒介中，凡爾賽宮一直是最重要的表演舞台與政治中心。許多貴族離開封地，住在凡爾賽宮，不斷觀看路易十四特地包裝過後的崇高形象，漸漸將國王當作神聖不可侵犯的存在。巴洛克藝術與政治宣傳的密切關聯，藉由凡爾賽宮的案例更顯明確。

君王制縱使朝向專制，但有兩股力量牽制君王恣意妄為，或濫用國家資源實行個人私慾。首先是歷史傳統，封建關係中的種種義務權力並未因王權擴張而自動消散。只要有違歷史傳統，擴展王權不僅會遭遇阻礙，還可能因此備受限制。例如十七世紀的英國國王，他們在建構專制王權的過程中輸給議會，因而漸漸轉形缺乏實權的君主立憲制。另一個約束王權的力量來自啟蒙思潮。

啟蒙思潮的核心理念為「開拓人類的理智，並希望人類社會能邁向更完美的境界」。他們呼籲國王要以國家、人民的福祉為己任，改革與人民相關的各種社會議題。無論是基於真心相信，或是單純呼應當時潮流，許多統治者都努力改善國政，同時表現出寬仁、大氣的風範。隨著君王獲得越來越多權力的同時，在他們身上的義務也隨之增加。

啟蒙思潮更重要的是建立現代自由精神。天賦人權、人人平等、權力分配，推翻違背民意的暴政等，都是啟蒙哲士們留給後代的重要精神。因為他們，「自由」、「權利」不再是少數人才能享有的特權，只要生而為人都應當享有。受啟蒙思潮啟發，與英國有長期爭執的英屬美洲殖民地忍無可忍，決定脫離英國統治，開創出以人人平等，權力平衡為立國精神的美利堅合眾國。從美國開始，許多國家越來越重視啟蒙思潮蘊含的自由精神，甘願冒上生命危險奮力追求。

馬基維里與霍布斯：近代歐洲的政治理論

君主制度在歐洲歷史上淵源流長，不少知識分子都寫過「君王寶鑑」這一類的書籍。在這之中，後人最熟悉的莫過於馬基維里的《君主論》（Il Principe）和霍布斯（Hobbes）的《利維坦》（Leviathan）。

馬基維里出生於一四六九年，自幼培養起深厚的人文主義學養，日進入佛羅倫斯政府工作。多年的工作經驗使他得以親自見證義大利各國的運作，看清政治的「現實面」。西元一五一二年，梅迪奇家族重掌佛羅倫斯大權，身為前朝官員的馬基維里頓失工作。為了討好梅迪奇家族，也為了藉機發揚政治理念，他寫下《君主論》一書獻給梅迪奇家族，希望他們能順利統一義大利。嚴格來講《君主論》不是一本結構嚴謹的論述書籍，使之聞名於世的關鍵在於將政治和道德（宗教）的傳統結合關係分開來。馬基維里相信在政治領域中一味遵守道德訓誡，很容易背離現實，所以他在第十五章說到了，「人們的實際生活是一回事，而應當如何生活則是另一回事。……誰要執意在任何環境中都想積德行善，那麼他在眾多不善之人當中會一敗塗地。」

基於以上理由，他將違背道德的政治視為理所當然，「為了保住自己的地位，君主必須學會用權而不仁，但要明白何時當仁、何時不仁。」《君主論》的通篇思想多半都是建立在此之上。

馬基維里雖將政治與道德分開來，但並不認同「不計任何代價」的行事準則。他強調的是「理性的思考算計」，換言之，就是衡量各種手段引發的政治利益後，應丟棄危害最大、最沒效率的作法，如同他在第十七章所說：「極少數殘酷行為，相對於過分仁慈導致邪氣橫流、乃至於殺人越貨之徒蜂起而言，要仁慈得多，因為後者通常是危害整個群體。」

在《君主論》完成約一百五十年後，英國的霍布斯出版《利維坦》一書。他生於一五八八年，曾擔任查理二世幼年時期的導師。當時的歐洲大陸陷入因宗教衝突引發的三十年戰爭中，隔海相望的英國也因國王與議會的衝突相當不安寧。霍布斯在經歷動盪時期後，相信唯有強大的權力才能保持國家和平，《利維坦》的論述即由此發展。他認為英國的臣民應將所有權利讓渡給一個強大、近乎獨裁的個人或團體，「如此做了之後，這群統一在一個人格中的人就被稱為國家……這就是利維坦的誕生，或著更尊敬地說，是人間上帝的誕生……由他來保障我們的和平和安全。」雖然不排除這個強大的力量由團體承擔，但偏好君主制的霍布斯，其實更傾向於這位人間上帝必須由英國國王擔任。

縱使論述主題與中心理念不盡相同，馬基維里與霍布斯心中所設想的，都是能帶領國家邁向繁榮、穩定、和平的強大統治者。這兩位作家，都親眼見證自己所愛的家鄉陷入混亂局勢，因而深信既有的政治結構與理念已經不符合時勢所需，唯有一位強大的統治者才能結束亂世。雖然他們的著作在當時頗具爭議，後來的歷史卻朝他們的理想狀態發展。強大的獨裁君王在混亂局勢中發展成形，他們以國家利益、人民福祉為治國理念，即便連基督宗教也必須屈服在此之下。

路易十四：歐洲專制君王的典範

路易十四大概是法國史上最有名的君王。他生於一六三八年，五歲繼位為法國國王。縱使法國在過去一世紀歷經大小不斷的動亂，他成年時接管的是一個雖有財政問題，但還算富足的歐陸大國。在他統治期間，法國的學術、文化繁榮發展，對外更是屢屢用兵，使法國的國際影響力邁向前所未見的高峰。

路易十四是法國波旁王朝（Dynasty of Bourbon）的第三位君王。亨利四世統治期間頒布《南特詔令》，又積極重整國家，法國才終於從先前的內戰中復原。亨利四世死後，其子路易十三（Louis XIII）繼承王位。不過這時的實質領導者是樞機主教黎塞留（Richelieu）和馬薩林（Mazarin），從一六二四年至一六六一年為止，前後連續把持法國政權近半世紀之久。他們不斷強化中央政府的力量，推行各項集權化政策，毫不留情地鎮壓一切異議人士。同時，他們還使法國陷入三十年戰爭的泥沼中。不甘於傳統權力不斷被剝奪，又因戰爭必須支付重稅的法國人民，掀起一次又一次的武裝抗議，也就是投石黨（Fronde）運動。他們反對的不是國王，而是把持國政的樞機主教。縱使如此，年幼的路易十四看到國內衝突仍留下深刻印象，強化他建立專制王權的決心。

幼年繼位的路易十四，直到一六六一年馬薩林死去才終於把握實權。他在掌權後，大肆建設凡爾賽宮。直到一七八九年的法國大革命前，凡爾賽宮一直是法國真正的政治中心。凡爾賽宮以路易十四為中心，居住許多貴族。他想藉此讓貴族與地方勢力斷絕關係，減少反抗力量，並利用各項儀式、表演強化權威，使他變得越來越神聖和不可侵犯。同時，他任用許多平民出身的官僚管理國家內政，強化稅收效率、拓展殖民地，推行重商主義、贊助科學研究等。路易十四除了勤於內政，也喜好派遣軍隊四處征戰。他試圖將國界往北、往東擴張，為此和當代歐洲的幾個強權如英、荷、西、奧地利等國多次交手。西元一七〇二年，又因為西班牙王位的繼承糾紛使法國捲入另一場戰爭，直至一七一四年戰爭才全面結束。法國雖付出慘痛代價，但他想建立的霸權地位，在歐洲各國「勢力均等」的政策面前少有進展。

路易十四曾說過，「臣民的服從與尊敬不是他們給予的免費禮物，而是希望我們提供正義與保護的付出。就像他們必須稱頌我們，我們必須保衛他們。」在路易十四的統治下，法國本土比起過去確實安穩許多，但這需要付出極大代價。平民的稅收負擔越來越重，國王也沒有打算召開三級會議的跡象，平民沒有合適的場所表達不滿。雖有階級流動，但在貴族與平民間的巨大差別待遇前根本微不足道。撤銷《南特詔令》及連年戰爭等都在侵蝕法國的財政基礎。路易十四在一七一五年去世，他留給後繼者的是一個看似輝煌但問題重重的國家。

凡爾賽宮：法國的中心點

歐洲各地仍留有君主制時期留下來的王室宮殿，法國的凡爾賽宮是其中最出名的宮殿。凡爾賽宮位於巴黎西南邊不遠處，原始位置本來是一片未開發的荒地。十七世紀時，路易十三在此建設一座狩獵行宮後，開啟建設凡爾賽宮的契機。路易十四時期，巴黎市內已有幾棟王室宮殿，但規模與豪華程度比起財政大臣富凱（Nicolas Fouquet）的新宮殿卻遜色不少。富凱的宮殿有大量以幾何圖案組成的花園，又有明顯的軸線貫穿整體，規模極其華麗、壯盛。再加上路易十四自幼可能對秩序不佳的巴黎沒有留下好印象，決定在巴黎近郊建立全新的大宮殿，地址選在他父親當年建設的狩獵行宮處。

凡爾賽宮的規模極為巨大，其華麗程度是法國史，甚至是歐洲史以來之最。在一六八二年，路易十四正式將法國宮廷遷移至凡爾賽宮時，許多地方仍未完成。直至十八世紀初，所有建設計畫才終告結束，當時路易十四已統治法國好幾十年。凡爾賽宮的外觀大量採用古典風格，極為對稱、富含秩序。宮殿本身也是一個巨大藝術品集結區，內部有許巴洛克風或洛可可風的精美裝飾，許多都是藝術史上的經典之作。宮殿前方有一個巨大廣場連結三岔路系統，向外往巴黎延伸。宮殿後方則是花園，比起宮殿規模大上好幾十倍。花園有一條明顯的中軸線，宮殿及花園中的小區域或小型建築，都統合在巨大軸線之下。大量運用放射狀道路是凡爾賽宮花園的一大特色，像太陽光芒般的道路系統之複雜程度，當代歐洲前所未見。在花園的中軸線上，還放置許多造型精美的雕像或水池，增加花園的藝術美感。

凡爾賽宮還是路易十四的表演舞台及政治中心。他的寢室與開會場所位在宮殿中央，與宮殿、花園、廣場的中軸線相互呼應，強調他為法國中心的政治理念。在此生活中的貴族，每天都會見到路易十四複雜多樣的宮廷儀式，在此渲染下，與國王接觸互動莫不被視為一種殊榮。當時的一位貴族，在回憶錄中以帶有挖苦的口吻提到，「路易十四所利用的手段，是經常舉辦遊樂會，在凡爾賽宮進行私人散步或遊行遠足，他的目的，是通過在每次都到場的人中指名道姓，挑選某些人而使另外的人感到屈辱，同時，他的目地也是讓每個人都小心翼翼地取悅他。」

在名為凡爾賽宮的表演舞台中，路易十四盡情表現一個君王的至高無上、富裕強大。以往屢屢挑戰王權的各地貴族，轉而成為最順從的觀賞者。許多君王看到路易十四的作法後，以他為原型紛紛建造屬於自己的凡爾賽宮，如俄國和奧地利。但論及知名程度，凡爾賽宮仍是其中之最，就如同路易十四直到今日仍是歐洲專制君王的最佳代言人。

巴洛克藝術：追求強烈視覺感

大略來講，所謂的巴洛克藝術始自一六〇〇年，直到一七五〇年左右。巴洛克藝術橫跨多種表現媒介，如建築、繪畫、雕刻、音樂、城市規畫等都在其中。如果與文藝復興藝術相比，巴洛克藝術的特色在於善於利用光影、線條創造更生動活潑的視覺感。巴洛克藝術也更傾向於將不同類型的媒介融合在一起，例如在一個城市裡，將各種建築整合成一個系統，而在一棟建築裡，所有的雕刻和繪畫也都融入建築的整體設計中。以上特色在文藝復興晚期已逐漸發展成形，例如米開朗基羅在羅馬設計的卡比托林廣場。巴洛克藝術家在前人基礎上，塑造出視覺感覺更強烈的藝術風格。

跟文藝復興時期一樣，羅馬也是巴洛克藝術的發展重鎮。十六世紀末的教宗西斯篤五世，首先在羅馬推動具巴洛克風格的城市計畫後，下一個世紀的教宗委託著名的藝術家貝尼尼重新規畫聖彼得大教堂廣場。他設計出兩個弧形迴廊，在南北兩側以橢圓形將廣場包圍起來，打造出最著名的巴洛克廣場。貝尼尼也負責聖彼得大教堂內部裝飾，教堂中心的巨大銅質華蓋就是代表作。四根螺旋柱子跳脫古典風格的固定筆直線條，反倒使這座巨大的雕刻品具備如流水般的動態感。凡爾賽宮是巴洛克藝術的代表作，以強烈中軸線連起宮殿、廣場、道路、花園、城市，再加上宮殿內部的裝飾，使之成為當代歐洲最富麗堂華的宮殿，觀者莫不聯想到路易十四之下法國的強盛繁榮。

巴洛克繪畫的表現也很豐富。荷蘭籍畫家林布蘭（Rembrandt）可說是當今世上最著的畫家之一，他的作品《夜巡》和《杜爾博士的解剖學課》等都是收藏館方的鎮館之寶。林布蘭將藝術界研究已久的光影技巧發揮得淋漓盡致，利用強烈的明暗對比營造空間感與畫作氛圍，彷彿是將現實場景的一瞬間捕捉下來。他運用光影的技巧被受推崇，日後甚至出現以他的名字命名的打光技巧：林布蘭光（Rembrandt lighting）。

更積極追求藝術作品中的動感、情緒等，可說是巴洛克藝術相較於文藝復興藝術最大的差別。但兩者的差異性並不能用來證明兩者毫無關係，或是處於非黑即白的對立面，因為巴洛克藝術仍傳承許多自文藝復興以來的藝術理念和技術。過度強調兩者間的差異，很容易忽略藝術風格也是一個不斷演變的過程。

啟蒙哲士：開拓人類的理性

除了專制君王，「啟蒙運動」也是十八世紀歐洲的重要發展。啟蒙時代最有名的哲學家康德（Kant）在〈什麼是啟蒙運動?〉（What is Enlightment?）一文中，如此定義啟蒙，「啟蒙運動就是人類脫離自我招致的不成熟狀態。不成熟就是不藉別人的引導就沒有能力運用自己的理智。……要敢於認識！要有勇氣運用自己的理智！這就是啟蒙的口號。」簡言之，啟蒙思潮就是要人使用自己的理性和智慧。

啟蒙就像文藝復興及科學革命一樣，並非由一個人或一個組織發起的連貫性運動。在十八世紀當時，不同國家、不同出身的啟蒙哲士以自己的見解，針對不同的面向提出啟蒙世人的管道。他們有一些共通點：首先，相信人類的理性，並鼓勵人類啟發自己的理性，以追求更美好的生活。其次，他們的樂觀態度相當程度上來自科學革命時代。人類認識自然的自信持續發酵，轉而相信人類可創造更美好的生活。在此概念下，許多啟蒙哲士以理性為依歸，重新思索人類社會中的萬事萬物，試圖跳脫基督神學的約束。在某些角度上來看，啟蒙運動其實是將研究自然科學的方法和態度，用來研究人類社會，開創社會科學的雛形。

由狄德羅（Diderot）和達朗貝爾（d'Alemobert）主編的《百科全書》，可說是啟蒙思潮下的代表作。《百科全書》的規模龐大，由眾多作者共同編寫而成。第一卷在一七五一年出版，直至一七七二年才出版最後一卷。因為內容深刻批評當時的許多傳統性思想，引起相當大注意。狄德羅就曾提到，《百科全書》是為了向讀者展示人類在最近兩三個世紀以來的進步成果，並闡明各種知識間的關係，以啟蒙社會大眾。其中的「哲人」條目，更是表現出人類經過啟蒙之後的理想狀態，「哲學家敬重理性，就如同基督徒看待神恩。……其他人則為感情所驅使，因此他們做出的行動並不是出於思考。……而哲學家即使受到感情趨使，也是先思考後行動。因此哲學的精神是觀察的精神、精確的精神，也就是指出所有事物真正的原理。」

理性、自信、進步及改革人類社會，都是啟蒙思潮的核心理念。受惠於印刷術，如伏爾泰（Voltiare）、亞當斯密（Adam Smith）、吉朋（Gibbon）、盧梭（Rousseau）等人具有啟蒙思想的作品，被大量歐洲人閱讀，影響深遠。如奧地利的約瑟夫二世（Joseph II）和俄國的凱薩琳大帝（Catherine the Great），以啟蒙哲士的理想為精神，改革國家體度，希望將國家推向更富足的狀態。與歐洲有一洋之隔的美洲大陸，也可見到啟蒙思想滲透其中。直到今日，縱使不完全是由啟蒙思潮主宰我們的想法，但依舊佔有重要地位。

從洛克到盧梭：現代自由主義的成形

在十七、十八世紀的歐洲歷史中，許多地區的王權逐步邁向前所未見的高峰。與此同時，影響近代世界巨大的自由精神與人權思想也正開始擴散。十七世紀的英國因王權與議會的衝突爆發內戰，英國政治思想家洛克（Locke）在此一背景下發表著名的《政府二論》（*Two Treatises of Government*），多少是為了當時的革命活動辯護。內容強調無論政府體制為何，一旦無法保障公義，違反英國長久以來尊重人權的傳統，即為應當推翻的暴政。歷經內戰之後，英王在《權利請願書》與《權利法案》的制約下，權限不斷限縮。更重要的是，英國議會在光榮革命中更換違反民意的國王，如同《政府二論》的精神，宣示統治者的合法性來自於遵守國家法律及尊重民意。

以洛克為代表，不少啟蒙哲士的英國自由精神被視為理想典範。例如早期的啟蒙哲士伏爾泰（Voltire），將英國強大的議會制與法國的專制君主制相比較。他認為英國的革命相當重要，因為他們得已開創出限制王權，進而邁向權力平衡的理想狀態。除此之外，伏爾泰也相當強調「寬容」的重要性，也就是接納不同意見者的觀點。當時的環境背景來看，他指涉的是接納不同宗教信仰；但寬容的價值觀，直到今日仍是自由精神的核心理念。孟德斯鳩（Montesquiue）也是啟蒙時期的重要人物，他在《論法的精神》（*De l'esprit des lois*）中，相當具體地分析英國政體的特色。深信行政、司法、立法分散給不同機關是英國政體的一大優點，這樣才能避免不守約束的統治者出現。他的政治理論未能改變路易十四統治下的法國體制，但深深吸引當代許多知識分子，其中包括美國的建國元老，將三權分立的精神立為建國精神。

從《大憲章》、《權利請願書》到《權利法案》，英國慢慢發展出重視個人權利、財產的重要歷史傳統。而在缺乏如此傳統的法國，啟蒙哲士從不同脈絡發展出另一套自由精神，最經典的代表人物為盧梭（Rousseau）。他承襲古典哲學、經院哲學的自然法原則，提出天賦人權、人人平等的概念。盧梭在《社會契約論》（*Du contrat social ou Principes du droit politique*）中假定人生而平等，擁有眾多權利。但為了保護這些天生獲得的權利，眾人交出自己的權利給予公共意志／政府。如果政府破壞了「保護人民自由」的契約，人民自然有權重訂契約，甚至是推翻現有政府，另組新政府。（就推翻政府而言，盧梭與洛克相當類似，但後者的前提並非奠定在天賦人權上。）除盧梭之外，許多知識分子也大力支持天賦人權的理論，像是潘恩（Thomas Paine）和沃爾斯通克拉福特（Mary Wollstonecraft），前者以此支持美國獨立與法國大革命，後者則用來為女權辯護。他們都視天賦人權是不證自明的重要前提，在此基礎上人類才能建構更美好的社會。

西元一七八九年，法國大革命爆發，當年頒布的《人權宣言》即以「天賦人權」為基礎。《人權宣言》的前言如此宣示，「無視、遺忘或藐視人權是公眾不幸和政府腐敗的唯一原因，所以決定把自然的、不可剝奪的和神聖的人權闡明於莊嚴的宣言之中。」繼美國的《獨立宣言》後，《人權宣言》是第二份發揚啟蒙精神的重要文件，對後世人類有極其深遠的影響，直到現在我們仍在其影響中。

英國議會與內戰：反對專制君權

十七世紀的英國因國王和議會的衝突陷入一連串內戰，最後結果便是使王權大幅限縮，英國議會逐漸掌握政治實權。西元一六〇三年，從未結婚的女王伊莉莎白一世逝世，與她有血緣關係的蘇格蘭國王繼承王位，英國史上稱為詹姆斯一世（James I）。英國議會向新國王發表一篇聲明，要求他尊重並保護英國人民長久以來既有的自由、權利。看在詹姆士一世眼裡，議會的要求根本有違他所認知的君主制度。他直白地對英國議會表示，「國王之所以被稱為神，是因為他們以類似神權的方式治理大地。如果你思考上帝的屬性，就會發現這些屬性同樣適用國王。」換言之，詹姆士一世相信，他對人民的控制不應受任何約束。他雖然不認同國會的理念，至少還懂得避免與他們發生衝突。不過他的兒子查理一世（Charles I）就缺乏同樣的政治頭腦。

查理一世也懷抱專制王權的信念，與議會的關係相當緊繃。更糟的是，他不斷往天主教靠攏，又在稅收問題上難以與議會達成協議。縱使他在一六二八年簽訂約束王權的《權利請願書》，但他顯然並不願意真的屈服在此之下，依然故我地自行徵稅，宣揚君權神授。終於在一六三九年，蘇格蘭貴族首先起兵對抗查理一世，最後演變成一場蔓延至全大不列顛島的內戰。西元一六四九年，戰敗的查理一世被英國議會判處死刑，象徵專制王權在英國的一次重大挫敗。

查理一世死後，英國在克倫威爾（Cromwell）的強勢領導下，歷經了十多年沒有國王的共和體制。他死後無人可統轄大局，英國再度面臨內戰邊緣。趁著此一局勢，查理一世在外流亡的兒子查理二世（Charles II）返回英國繼承王位。他聲明「不想再回去旅行」，以此表示尊重《大憲章》與《權利請願書》的精神。但查理二世長年居住法國，相當崇拜易十四的統治模式，再加上他偏好天主教，再再讓英國議會對他存有戒心。西元一六八五年，查理二世的弟弟詹姆斯二世（James II）繼位。相較於哥哥，詹姆斯二世的做事方法缺乏謹慎，公開表示自己對天主教的喜好，並逮捕不聽從命令的主教。西元一六八八年，詹姆斯二世獲得一子。這讓傾向新教信仰的議會擔憂不已，深怕天主教勢力將經由這位未來繼承人不斷擴大，於是他們另尋新王位繼承者。

詹姆士二世還有一位嫁到荷蘭，信奉新教的女兒，議會視她和丈夫為最適合的新國王人選。在一六八九年，他們迎接這兩人到英國共同繼承王位，英國歷史上稱之為瑪莉二世（Mary II）和威廉三世（William III）。同一年他們簽訂繼《大憲章》後的另一重要文件——《權利法案》。內容強調議會享有至高無上的地位，詹姆斯二世就是因為忽略這點才被替換。自此開始，英國國王縱使仍可影響國政，但國內的法案及自由精神，再再約束英王恣意擴張權限，使之不會變成如路易十四般的專制君王，打造出近代歐洲史上的另一種君主制度。

美國獨立：啟蒙運動在海外的發展

西元一七六三年，歐洲大陸上的七年戰爭剛結束。依據戰後條約，英國在北美的勢力範圍大幅擴大，這也讓英國承受莫大負擔。如今英國必須投入更多經費管理、保護殖民地，再加上先前的戰爭花費，已讓國庫難以支撐。為了度過此難關，英國議會決定向殖民地增稅，隔年開始陸續通過幾項增稅法案，著名的印花稅即為其中之一。英國議會覺得這麼做合情合理，因為這些稅收是用來支付管理殖民地的必要開銷。殖民地方面卻對議會的作法相當反感，他們認為只有殖民地自治政府才有權利向他們收稅，更何況議會裡根本沒有殖民地的代表，未經同意就徵稅有違英國歷史傳統。其次，如果從今而後殖民地的經費必須從英國手中取得，他們就會直接受控於母國政府而喪失自治權。為了稅收問題，英國政府與美洲殖民地的衝突日漸擴大。

西元一七六五年，美洲殖民地的代表向英國政府發表一份聲明，明確反對徵收印花稅，因為「沒有任何一種稅可在未經人民或他們的代表允許下徵收，那是人不可分割的自由，也是英國人民不可質疑的權利。」就歷史發展來看，美洲殖民地的論點並不特別新穎，因為在此之前，英國有太多歷史先例不斷強調同樣理念。如果政府方面不願正視，殖民地內部也有人在考慮同樣是英國先例提供的方法：推翻暴政，建立屬於自己的新政府。

面對殖民地的不滿，英國政府反而用更強硬的態度處理。在一七六八年派軍隊進入波士頓以確保徵稅工作順利，軍事介入看在殖民地眼裡更是暴政的象徵，因此而起的死亡衝突開始出現。西元一七七四年，美洲的第一次大陸會議還希望與英國政府溝通協商。隔年，英軍擊潰美洲民兵，同年八月，英王宣布美洲殖民地處於叛亂狀態。大陸會議最後在一七七六年頒布《獨立宣言》，內容融合啟蒙思潮中的自由精神，宣告英屬美洲殖民地獨立，美國就此誕生。

在獨立戰爭的前兩年，作戰經驗豐富的英軍屢屢擊潰倉促成軍的美軍，直到一七七八年戰局才有了變化。當年法國加入美國陣營，試圖藉此阻擋英國勢力繼續擴張。因為和英國有利益衝突，西班牙、荷蘭也相繼加入美國。西元一七八三年，在各國夾擊下英國投降，承認美國獨立。美國沒有推派國王，而是走向共和體制並在接下來的兩個世紀不斷擴張，成為世界上最強大、富有的共和國。

《論基督君主的教育》：馬基維里與伊拉斯謨斯的異同

西元一五一六年，剛好是馬基維里的《君主論》問世三年後，伊拉斯謨斯完成了《論基督君主的教育》（*The Education of Christian Prince*）一書，作為他的學生，同時也是未來皇帝的查理五世之建言書。第一章「基督君主之誕生與教養」提到，君主之於人民，就如同上帝之於人類那樣理所當然。但也因為如此，君王的莫大權力不是用在為所欲為，而是照顧廣大子民。君主的名聲不是來自奢華外觀，而是良好德性。雖貴為上帝代理人，但切莫以此自滿，君主的名聲最終還是必須從所作所為加以判斷。他期待查理五世必須注意到，基督教神學認為上帝具備三項首要特性：全能、全知與全善。您應當竭盡所能掌握這三樣事情。全能無全善為輔，是為無法無天的暴政；無全知為佐，則為破壞而非治理。

顯而易見的，伊拉斯謨斯是從基督宗教的觀點出發，設想一位理想君主該有的樣貌。

不可否認的是，無論是論述前提或治國之道，馬基維里和伊拉斯謨斯存有莫大差異。前者鼓勵統治者別死守對政治造成危害的道德觀，後者相當程度上仍遵從基督宗教的傳統價值觀。有很多原因可解釋兩者間的不同，如馬基維里長年任職外交官，親眼看到許多殘酷但有效的政治手段。而伊拉斯謨斯長年浸淫在研究基督教神學，雖不滿於當時的教宗與教會，對基督宗教的傳統價值觀深信不疑。然而，無論兩者有多大差異，期待一個「為國家、人民服務的統治者」，始終是雙方的共通點，也是重要理論基礎。因為他們的詮釋，後人得以看到君主政體的改變不只在於制度面，其內涵也在因應時代所需而改變。

歷經中世紀之後，君主制度在文藝復興時代漸漸發展了更為強大的政治體制，且此一趨勢看來將持續下去。眾人不斷摸索君主制度該有的樣貌和理念，馬基維里和伊拉斯謨斯都是當時的代表人物。如果當代人對君主制度有所不滿，並非想從根本上否定君主制度的合理性，多半是因為無法開創更美好的社會。在更激進的自由精神出現前，許多政治論述其實都是建立在此之上。

現有資料難以直接證明馬基維里和伊拉斯謨斯的書籍，曾對他們所貢獻的對象，或是後來的統治者有直接影響。但確實可以看到後來的君主，某種程度上都表現出他們理想中的樣貌。可確定的是，後來的君主制度樣貌無論如何改變，期待君主謀求國家福祉、切莫為所欲為一事從未改變，甚至取代「君權神授」，成為其統治合法性的重要來源。

開明專制君王：改革國家的力量

十七、十八世紀的歐洲各國紛紛建立更強大的王權及中央政府，比起過往分散的中古政治結構有很大改變。之所以出現強大王權，一來是各國統治者長久以來的企圖心所致，二來是接連的宗教戰爭、社會動盪，使人們更容易接納理想上能恢復秩序的強大統治者。各國統治者知道人民對他們有所期待，因此必須回饋相對應的事物，如此才能使他們的地位更加穩固。例如在西元一六六七年，普魯士的統治者腓特烈·威廉（Frederick William）曾如此告誡他的繼承者，「你舉止如同子民的慈父，守護臣民不分信仰，始終致力於改善他們的幸福，這都是必要的。……要真誠地關心在你的全境實施正義。務必無論對窮人還是富人都維持正義，沒有任何區別。務必毫無拖延地處理案件，因為這樣做就會鞏固你的地位……」

當時的啟蒙思潮更促使各國統治者重視國家、人民利益，推動諸多重要的國政改革。以研究歐洲近代史見長的學者史考特（H. M. Scott），就曾在《啟蒙專制主義》（*Enlightened Absolutism*）中，對啟蒙與專制君王之間的關係有很精闢的見解，「統治者和對他們有影響的顧問進行了一系列制度的改革，改革的主要靈感是啟蒙運動的政治哲學。行政管理以及法律化和財政制度都近代化了；商業和經濟發展受到鼓勵……大學的教育變得近代化；中級和初級教育有大幅度增加。……儘管每個國家所採用的具體措施都不相同，但在人所共知的歐洲啟蒙運動這一思想運動中可以找到共同的解釋。」

於十八世紀下半葉統治奧地利的泰瑞莎（Maria Theresa），和她的兒子約瑟夫二世（Joseph II）是著名代表。他們強化維也納的首都地位，並建設現代化的財政、軍事、教育制度，放寬思想審查等，約瑟夫二世甚至會親自下田，表明他仁慈、重視子民生活的開明面向。除奧地利外，普魯士與俄羅斯也都推動了諸多改革。他們確實未能完全做到啟蒙哲士重視人權、寬容的理想狀態，但在促使國家改革，邁向進步的道路上，與啟蒙思潮的方向一致。

啟蒙雖催生採用共和體制的法、美兩國，並不代表其與君主制度有必然的衝突。啟蒙思想對人類社會的諸多期待，也可藉由君主制度實現，成為改造當代歐社會秩序的重要力量。在歐洲已實施好幾個世紀的君主制度，在十七、十八世紀發揮更積極正面的影響力。雖然現代世界流行民主制度，但不應因此輕忽君主制度在近代歐洲史上的貢獻。

巴洛克藝術與君主形象：打造政治表演舞台

路易十四與凡爾賽宮的密切關係，長久以來也是西方學者關注的歷史現象，例如著名史家彼得．柏克（Peter Burke），曾在他的代表作《製作路易十四》（*The Fabrication of Louis XIV*）中討論過。柏克認為，路易十四身為君王，必須適時地強調自己的光榮、偉大。為此，路易十四有眾多媒體為他宣傳，凡爾賽即為其中之一。柏克提到，「宮殿是主人的象徵，他人格的延伸，也是他自我表演的工具。……凡爾塞宮尤其是這位統治者的形象，路易十四曾小心謹慎地監看這棟宮殿的建造。這宮殿不但是表演用的場景，也是一些表演的主題。……官方出版凡爾塞宮的版畫，分發出去以為國王增添光榮。」

《製作路易十四》內容不僅著重在路易十四的宣傳工作上，也清楚展現巴洛克藝術與統治者的關係。宣傳仍是君王的重要工作，而且越遭遇挫敗，就越是需要宣傳。也因為他們需要宣傳，許多舉世聞名的藝文成就因此蓬勃發展，輝煌的凡爾塞宮，最後成為巴洛克藝術的經典之作。

如同文藝復興藝術，巴洛克藝術之所以蓬勃發展，得力於一群需要借用其宣傳能力的贊助者。論及巴洛克藝術與當代政治、社會、宗教的關係，由米倫（Henry A. Millon）主編的《巴洛克的凱旋：歐洲建築，1600-1750》（*The Triumph of the Baroque: Architecture in Europe 1600-1750*）是相當重要的作品。內容集結眾多史家的研究成果，使讀者能深入認識巴洛克藝術的多方面向。縱觀全書內容，不只路易十四，包括教宗在內，歐洲各地的統治者、貴族及有錢人大量借用巴洛克藝術為自己宣傳，且需求量上比起過往有過之而無不及。就像〈巴洛克建築藝術〉

（*The Baroque and its Buildings*）一文中提到：「『說服』特別是他的目標。事實上巴洛克世界可被視為一個巨大的劇場，所有人都被指定為某種特定的角色。」在巴洛克藝術中，萬物皆可為劇場，建築（宮殿、教堂）、廣場、道路，甚至是整座城市。許多藝術品的設計，著重於如何結合各部分，以表現出最有渲染力的宣傳效果。相較於以往，巴洛克藝術更重視整體效果，這也就是凡爾賽會有顯眼的中軸線串連廣場、道路、宮殿、花園的原因。

巴洛克藝術在歐洲各地不斷擴散，甚至因應贊助者的需求或喜好，加入不同元素，使造型、意涵更多元豐富，打造出眾多獨特的表演舞台。就如柏克在《製作路易十四》的結尾處提到，路易十四從前人身上轉借表現手法後，自己也成了別人的學習典範，歐洲多處統治者紛紛建立起屬於自己的凡爾賽宮。今日到歐洲旅遊，仍可見到他們為自己打造的政治表演舞台，細細品味就能感受到他們在這上面投資的大量心力。

巴洛克與文藝復興藝術：兩者的同質性與差異性

從巴洛克藝術甫出現時，其在藝術上的地位已引起不少人的爭論。義大利著名的歷史哲學家克羅齊（Benedetto Croce）對巴洛克藝術抱持強烈反感，他批評巴洛克藝術是「某種藝術化的醜陋……它有別於藝術，只是偽裝藝術，僭用名號，擅自進入藝術領域，取代了藝術」。在巴洛克藝術形成初期，強調彎曲、動感、迷幻視覺效果的風格就招致不少批評，有人認為巴洛克藝術缺乏對稱與協調，既不遵守比例，更屢屢打破規律。許多人將巴洛克藝術視為對文藝復興藝術的「反抗」，極大地強調兩者的差異。這麼做難免有所不妥。巴洛克藝術確實與文藝復興有所差異，但也不應該因此對兩者間的同質性視而不見。

持平而論，巴洛克藝術的許多面向都和文藝復興藝術密切相關。單就強調視覺效果而言，巴洛克與文藝復興無異。文藝復興家研究人體比例、透視法、光影變化，甚至是創作素材等，所以能夠比中世紀藝術帶來更多視覺效果。而巴洛克藝術家，對於上述種種技術的研究仍追尋著前人腳步。以羅馬的卡比托林廣場為例，米開朗基羅以極其對稱感的建築規畫，使廣場更顯宏偉。同時，地板上的花紋更讓整體空間感更顯活潑。而在巴洛克時期，貝尼尼設計的聖彼得廣場仍再次運用對稱的概念塑造廣場空間，並利用弧形迴廊打造更活潑的動態感。換言之，巴洛克藝術的諸多元素，都可以找到源於文藝復興時代的傳統。就時間點來看，文藝復興與巴洛克藝術之間，其實存在一段難以區分開來的模糊地帶，就像十九世紀末知名的藝術史家梨格爾（Alois Riegl）提到，「最具巴洛克風格的時期是十七世紀，但是巴洛克風格肇始於米開朗基羅與柯雷吉歐。……這就是為何我曾表示，將闡述一五二〇年開始的巴洛克藝術史。」

為藝術風格尋找明確的分野絕非易事，因為這是一場逐漸發生的轉變過程，而非瞬間跳躍性發展。如果以「反動」一詞形容兩者間的關係，未免過於強調巴洛克的創新性，但也切莫因此認為巴洛克藝術只是單純地保留文藝復興風格。因為巴洛克與文藝復興有諸多同質性與差異性，過度強調某一面向都可能很容易誤解巴洛克藝術。

啓蒙哲士與基督宗教：理性與信仰的衝突

基督宗教長久以來一直是歐洲社會的重要元素，即便是歷經文藝復興、宗教改革，及科學革命等諸多變革後仍是如此。許多批評並非想從根本上否定基督宗教，而是單純覺得有些神學觀點不盡正確，或是教會有需要改革之處。但在啟蒙時代，基督宗教面對啟蒙哲士帶有強烈敵意的批評，被視為妨礙人類進步的一大障礙。

所謂的啟蒙哲士是一群來自各領域的知識分子，所以他們關注的焦點也不盡相同，但在質疑基督宗教這一點上，可說是他們的共通語言。例如著名的啟蒙時代史家萊斯特（Lester G. Crocker），曾在《啟蒙時代》（*The Age of Enlightenment*）提到：「不論這些哲人各自的宗教信仰如何，他們所有人都認為有組織的教會分內的事情（如果有的話）是救贖靈魂，必須要把科學、政府、經濟政策、（甚至有人認為）道德價值和個人道德都從教會的絕對控制中解放出來。」過去教會幾乎無所不包的強大影響力，看在啟蒙哲士眼中反倒是最應剔除的關鍵。基督宗教比起現世生活，更看重對死後來生的態度，對於想改善人類社會的啟蒙哲士而言，更是難以容忍。就像萊斯特所言，啟蒙哲士相信人類必須更積極地追求美好生活，「在所有的信條中，最有力地把這些哲人結合在一起的，是他們相信人們必須為了在現世過上更好的生活這唯一目的而掌握自己的命運，而且他必須盡一切可能來擴大對命運的控制。」

活在啟蒙時代，堅信天賦人權、人人平等的潘恩（Thomas Paine）雖然依舊承認上帝的存在，但對於各式教派或教會則採取完全否定的態度，他明白地說：「我不相信猶太教會、羅馬教會、希臘教會、土耳其教會、新教教會以及我們知道的任何教會所宣布的信條，我自己的頭腦就是我的教會。」將上帝視為創造者，永不管理人類事物算是相對溫和的態度，更有甚者，則提出無神論觀點，全心全意地視人類理性為最終存在。

因為對人類理性、現世生活的重視，眾多啟蒙哲士就算不是抱持著敵意觀看基督宗教，也是漠不關心的。就如同先前的諸多批評者，啟蒙哲士並未徹底消滅基督宗教，這從來就不是他們的終極目標。但啟蒙哲士帶動的社會氛圍，讓世人更重視他們所生活的世界，例如人民的教育、司法的公正性、寬容的精神，或是權力分配等世俗事務更受矚目，無形中也降低基督宗教於人類社會中的重要性。

啓蒙哲士的歷史著作：以古論今

利用史書發揚啟蒙精神可說是啟蒙時代的一大特色，許多啟蒙哲士喜歡撰寫史書表達理念，他們的思想因而更廣為流傳。基於不同寫作動機，雖同為歷史著作，仍會誕生具有不同思維的作品。啟蒙哲士特別關心現代社會為何如此，也關心要如何改善當今社會問題。因此啟蒙哲士的史書不是單純的編年史，細細閱讀，可見到許多具批判性口吻的論點。

在二十世紀上半葉，美國史家貝克（Carl L. Becker）出版他的代表作《十八世紀世界哲學家的天城》（*The Heavenly City of The Eighteenth-Century Philosophers*）。他向讀者解釋，歷史是啟蒙哲士利用的素材，攻擊的目標是「基督教哲學以及支持它的種種聲名狼藉的事物——迷信、不寬容、暴政」。貝克提出的例子中，吉朋（Edward Gibbon）的《羅馬帝國衰亡史》（*The Decline and Fall of the Roman Empire*）最為人所知。吉朋對暴政、愚昧、暴力以及基督宗教等造成的破壞之批評，以及野蠻主義和基督宗教取代古典文明，構成《羅馬帝國衰亡史》的論述主題之一。就如同吉朋的筆調所顯露出來的，啟蒙哲士認為過往是人類歷史上的黑暗、衰落時期。不過正像貝克所強調，哲士們相信他們能活在比過去更美好的時代，「他們（啟蒙哲士）回憶過去時代的悲慘和錯誤……那可能是滿懷悲苦的記憶，然而畢竟是帶著寬容的微笑，帶著一種滿意的嘆息和一種欣慰的自信感：現在是比過去好得多了。」

伏爾泰也是貝克所形容那群帶有自信感的啟蒙哲士之一。

西元一七五一年，伏爾泰出版《路易十四時代》（*Le Siècle de Louis XIV*）一書。他在一開始即開宗明義解釋，這本書意在描寫一個時代，而非傳記。他相信他所處的時代是人類歷史上「最接近盡善盡美之境的時代，……人類的理性這時已臻成熟」。接下來伏爾泰描述法國在物質、文藝上的進步，大大批評教會對於人類尋求進步所可能造成的阻礙，充分顯露相當典型的啟蒙式思維。又像是孟德斯鳩在一七三四年出版的《羅馬盛衰原因論》（*Considérations sur les causes de la grandeur des Romains et de leur décadence*），相信羅馬之所以強大，擁有完美的權力制衡是關鍵之一。此一觀點其實是在讚許擁有強大議會的英國政體，視之為應當追求的理想狀態。

啟蒙時代的哲士們對現代世界的看法，相當程度上也影響到他們對過往歷史的詮釋。在許多時候，他們的歷史觀點當然難以面對嚴格檢視。不過他們從一開始就打算利用這些史事，更引起眾人對啟蒙理想的關注。到了今日，閱讀他們的著作，仍可輕易感到對過去的不滿，以及希望改造現代世界的熱情。

潘恩與柏克：爭論君主制度的價值

英國在十七世紀歷經一連串事件後，確立一個相當重要的政治原則：可替換不合民意的君主。洛克在一六九〇年出版的《政府二論》（*Two Treatises of Government*）也討論到此一現象。

洛克並不反對君主制，相信那與個人自由沒有必然衝突。他反對的是忽略公義，以個人私慾為施政方針的暴政。他的想法也是長久以來許多英國人的思維。當時不少論著顯示，在歷經光榮革命後，英國社會雖仍在君主制之下，許多人卻認為他們正處於英國史上最自由的年代。在洛克之後，仍有不少人持續爭論該如何實現及維護個人自由，也論及到君主制度的存廢問題。潘恩與柏克的激辯，可說是當代英國的經典案例。

隨著美國獨立與法國大革命相繼爆發，君主制度與人權自由的關係備受注意。西元一七八九年法國大革命爆發，促使當時的著名學者愛德蒙．柏克寫出《法國大革命反思》（*Reflections on the Revolution in France*）一書。他反對當時許多人將光榮革命與法國大革命畫上等號的作法，因為英國的革命不過是再次確認英國傳統，並不像法國那樣，根據怪異的自由理念建構一套違背傳統的政體。他批評法國大革命是一場鬧劇，因為議會的權利過於龐大，缺乏約束。而且所強調的天賦人權又過於抽象，相當模糊不清。看到柏克的言論後，潘恩寫下《人權論》（*Rights of Man*）反擊他，強調君主制度根本無法保障個人自由，更難以實踐天賦人權的精神，以此正面肯定法國大革命的價值。

柏克相當程度上仍是從英國傳統出發。他之所以相信英國的君主制有其必要性，因為可以約束議會權限，達到相互制衡的作用。這也就是為何長久以來，英國君主制雖屢屢遭限制，但從未被廢除。而潘恩更重視的是人們實現自由的直接管道，以及人與人之間的平等關係，相信「獨裁」即為英國君主制的本質。所以他宣稱，民主代議制絕對遠優於君主制。

從歷史脈絡來看，無論是潘恩或柏克的理論，都有其合理與不足之處。柏克偏重英國的歷史傳統，批評法國廢除君主制度、議會享有過大權力的作法。但法國在此之前，從未出現能有效制約王權的議會，以同樣經驗剖析法國大革命有失公平。而潘恩也忽略英國君主制的內涵，過度簡化為一人專制的暴政。透過這兩位當代知識分子的辯證，不難看出，啟蒙時代的人縱使都同意追求自由是共同目標，可是對於自由的內容為何，又要如何實現與追求，仍有不少分歧。在此背景下，自由主義的理念便在不同國家發展，延伸出不同形式。

美國《獨立宣言》：實現啓蒙理念

對十八世紀末葉西方文明而言，英屬美洲殖民地可說是邊陲地帶。美洲殖民地的獨立並未對英國造成嚴重打擊。英國仍然是當時最大的殖民強國，海外貿易活動也不斷成長。然而美國獨立仍對當代歐洲社會造成不小衝擊，因為它向世人證明，新興國家不僅可實現啟蒙理念，還能脫離歐洲慣有的君主制傳統。美國獨立將帶給日後眾多尋求獨立或新制度的國家莫大影響。

從《獨立宣言》可看出美國獨立在近代西方史，乃至於世界史上的特殊重要性。美國建國元老傑佛遜（Thomas Jefferson）為《獨立宣言》的主要撰稿人，在一七七六年上交大陸會議。所有議會成員不久後接受這份宣言，在下方簽名並送到英國，正式開啟英、美雙方的戰爭。宣言的一開頭說明這場獨立戰爭的必要性與合法性，相當程度上承襲自當時的啟蒙思潮。內容提到，「我們認為下述真理是不言而喻的：人人生而平等，造物主賦予他們若干不可讓與的權利，其中包括生存權、自由權和追求幸福的權利。」基於這項理念，人民組成政府，希望政府協助人民追求、保障上述權利。如果政府無法這麼作，就如同洛克所言，人民有權利創建一個更好的新政府。獨立宣言特別強調，人民並不因政府不合民意就可馬上推翻政府，而是「當始終追求同一目標的一系列濫用職權和強取豪奪的行為，表明政府企圖把人民置於專制政府下時，人民就有權也有義務去推翻這樣的政府。」

《獨立宣言》的第二部分列舉出他們視之為暴政的罪行。內容提到雖然殖民地在此之前不斷表達善意，英國政府對此視若無睹，不斷剝奪殖民地的自治、行政權、司法權。根據以上種種，大陸會議斷定英國政府已經沒有可統治他們的合法性。《獨立宣言》最後宣布，鑒於以上事例，殖民地有權切斷與英國的政治連結，成為「獨立與自由的國度」。在獨立宣言發布後的第八年，美國如願以償地獲得獨立。

美國獨立後仍激起不小漣漪。法國大革命受此啟發而爆發，當時頒布的《人權宣言》奠基在與《獨立宣言》同樣的精神上。中南美洲各殖民地趁著西班牙忙於拿破崙戰爭時，依據美國先例為自己獲得獨立地位。但獨立後的美國，在政治平權上仍相當不足，只有具備一定財富的男性白人才有參政權。《獨立宣言》提到得人人平等，此時只是理想而非現實，以致於美國後來的女權與黑人運動仍不斷以《獨立宣言》為論述後盾。

第三章

啟蒙運動的後續發展：

法國大革命與拿破崙帝國

將要邁入十九世紀之際，歐陸大國法蘭西發生一場對後世相當有啟發性的政治變革：法國大革命。這場革命以啟蒙式的自由精神為理念基礎，試圖建立一個尊重人權，將政府權力置於法律約束之下的嶄新國度。以法國大革命為分水嶺，歐洲的政治、文化更往現代世界所見的樣貌發展。

十八世紀法國的強盛繁榮，相當程度上建立在屢屢對外用兵，人民為此付出高額財政負擔的壓力上，波旁王朝的第三位統治者路易十六不得不著手財改方案，解救瀕臨破產的政府。然而，他的改革遭到傳統勢力抵制，過程相當不順利。無計可施之下，決定召開三級會議。顧名思義成員共分三級，由上而下分別是神職人員、貴族與平民百姓。透過三級會議，路易十六希望能與法國人民達成新增稅目或財改方案上的共識。這場會議在正式召開前，第三等級相當不滿社會現況如嚴重通膨、連年饑荒、負擔沉重稅制。他們不再只想被動接受國王與前兩等級就能主導的會議所做的決定。他們要求國王擴大第三等級的權限不成後，自行頒布著名的《人權宣言》，甚至強迫他接受一部新憲法。爭取自由、平等的訴求，或是單純對現況不滿的抗議，演變成法國大革命。

法國大革命爆發後，接連出現傳統社會秩序崩解的跡象。多處發生暴動，許多貴族、神職人員急忙逃出國外，路易十六世的權利遭人架空。擔憂大革命的擴散，歐洲各國陸續派兵攻打法國。在國內外緊繃局勢交攻下，大革命變得越來越激進，當權者處死路易十六，將法國改為共和制，並實施恐怖統治，掃除任何可能會威脅到大革命的嫌疑者，許多無辜之人就在動亂中喪生。

自大革命發生後，長達十年的動盪不安讓法國民眾心生厭倦，拿破崙以軍事強人之姿掌握大權，大革命以來的共和政體在他手中正式結束。穩定法國局勢、擊潰反法聯軍的拿破崙聲勢高漲，於一八〇四年稱帝。在他統治之下的法國，發展為歐陸最強盛的國家，英、俄、普、奧相繼戰敗，其領地與勢力範圍可與查理曼帝國相比擬。拿破崙的統治並非無懈可擊，強勢介入他國內政的做法開始引發民怨，加上他一心想征服不服從者，引發一連串遭致失敗的發展。為了對付英國，他強迫歐陸各國必須採取大陸封鎖政策，此舉首先引來俄國的抵抗。當時規模最大的軍隊就在拿破崙的帶領下，遠征俄國。拿破崙遠征俄國以慘敗收場，各國見機不可失，再次組成反法聯軍。不久後拿破崙時代正式結束，時為一八一五年。

歷史這樣說

法國人民的不滿：大革命前的社會問題

西元一七七六年，英屬北美殖民地宣告獨立，遠在大西洋另一端的法國決定加入美方陣營。雖然最後戰勝英國，卻讓法國的財政問題雪上加霜。自從路易十四親政後，法國屢屢對外用兵，導致國債不斷飆升，直至一七八〇年代，大部分的年度財政預算就用在支付國債。

當時的國王路易十六（Louis XVI）並非昏庸的統治者，為了解決財政問題，他召集一批官員推行改革方案。不過他在許多決策上缺乏魄力，加上法國傳統社會結構，許多改革的效果相當有限。例如路易十六的財政大臣曾想放寬巴黎的工會組織設下的生產限制，該城的議會卻以「侵犯傳統權利」為由否決相關提案，路易十六隨即收手。為了填補財政赤字，他也想過向貴族徵稅，最後也因上述類似理由被否決。法國王權雖邁向專制，但從未達到得以為所欲為的程度。路易十六在不得已的狀況下，於一七八九年召開三級會議討論加稅事宜及相關財改方案，距離上一次的三級會議已是一百多年以前的事情。

三級會議的成員共分為第一等級的神職人員、第二等級的貴族、第三等級的平民。第三等級的組成人員相當複雜，有些是財力不下貴族的商人，有些是律師、城市工匠。很大一部分則是生活相當困苦的農民，他們扛起國家財政的多數苦果，戰後加稅、物價上漲、長期歉收等，對於收入不甚豐富的他們都是沉重負擔。在一七八八年時，扣除必要食物支出，農民家庭的可用收入可能只剩下一半。城市生活也顯露嚴重問題，因產品需求量下降，就連城市居民的就業狀況也大不如前，麵包價格飆漲與嚴重失業，一同侵蝕他們的生活品質。一七八九年，第三等級終於有機會在許久未開的會議表達不滿，向國王述說他們長久以來的困境。

不過三級會議正式召開前，第三等級要求改變投票制度。傳統上每等級各有一票，也就是說，通常利益較為一致的第一、第二等級才是議會主導者，因此第三等級要求擁有兩票以發揮實際影響力。他們的訴求未能在第一時間得到路易十六的承諾，不滿的他們決定自行組成國民會議（Nation Assembly，後來改制為制憲國民會議〔National Constituent Assembly〕），決定以人民的名義編寫憲法。國民會議當時也引來不少同情第三等級者的支持，例如教士希耶斯（*Sieyès*）在他相當激進的作品《第三等級是什麼》（*What's the Third Estate*），強調第三等級是法國的重要力量，並大力批評另外兩等級。

國民會議組成不久後，在一七八九年頒布意義重大的《人權宣言》（*Déclaration des Droits de l'Homme et du Citoyen*），為法國大革命的未來發展定下重要理念。以國民會議為起點，開啟了以人民，而非國王為主角的國家改革。

法國大革命：建立共和體制

自從國民會議成立後，法國國內局勢更加動盪不安。對政局的不滿、經濟困窘，或是支持國民會議等，都在催生各地的抗議及暴動。最有名的當屬一七八九年當時，巴士底監獄此一王權象徵的建築遭攻擊淪陷。路易十六見到局勢越來越難以控制，不僅承認國民會議，還要神職人員與貴族一同協商制定新憲法。一七九一年新憲法出爐，王權大幅限縮，參政權更加開放，法國轉型為立憲君主制。這段期間，制憲國民會議也忙著改善法國問題，例如將教會置於國家組織之下，將其財產、土地用來改善國家財政。同時，這場會議也取消許多殘存的封建特權，更進一步消除舊制度。以上即為法國大革命在第一階段的樣貌，比起接下來的發展，可說是溫和許多。

正當國民會議在改變政體時，鄰近國家也準備出兵攻打法國。因為他們擔心放任法國如此發展下去，同樣的革命也會在自己國內發生。制憲國民會議知曉外國態度時也不避戰，因為他們相信，藉由戰爭可凝聚法國內部力量，使得現有國家改革更加穩固。於是在一七九二年，法國向奧地利與普魯士這兩大歐陸強權國家宣戰，其結果就是法軍慘敗，他國軍隊跨越邊界，深入法國領地。內外動盪使大革命朝向更激進的方向前進。

一七九二年，法國民眾選出國民公會（National Convention）此一主導接下來法國政策的組織。國民公會首先做了一項在當時看來相當激進的變革：將法國政體改為共和體制，同年處決早已淪為階下囚的路易十六，並屠殺許多「疑似」反革命分子，歐洲歷史最悠久的君主制國家畫下句點。不久後，國民公會的主導權就由相當激進的雅各賓派（Jacobins），特別是羅伯斯比（Robespierre）把持，此時也就是所謂的恐怖統治時期。當時有數萬人被判處死刑，只因羅伯斯比認為這是確保大革命不至於受到威脅的必要作為。

羅伯斯比的恐怖統治雖稍微穩定政局，但他的作法也引來不少人的反彈與恐懼，一七九四年時，他在一場政變中被人迅速拉下台並執行死刑。掌權者決定設立督政府（Directory）以取代國民公會。此一新政權也無法平息法國內部的政治路線之爭，以及步步進逼的外國軍隊。最後是在一七九九年，軍事強人拿破崙發動霧月政變，成為法國實質上的最高統治者。許多支持拿破崙的人，都希望他能為法國帶來許久未見的和平穩定。

拿破崙崛起：法蘭西第一帝國

西元一七六九年，拿破崙在科西嘉島出生，長大後被父親送到法國求學，日後在法國軍校以優異成績畢業。法國大革命爆發時，他在法國砲兵團擔任軍官。當時正是法國接連遭遇歐洲多國攻擊的危機時刻，像他這樣還留在軍隊內的專業軍官有很多發揮空間。屢建戰功的拿破崙逐漸獲得中央執政者的信任，一七九五年時，新建立的督政府一度處於隨時倒台的狀態，有賴拿破崙的軍事支援才得以維持下去，此一舉動更讓他的名聲、地位向上攀升。在接下來幾年，他陸續擊敗法國的敵人，並一度為了切斷英國海軍的重要聯絡管道而遠征埃及。在埃及的戰況並不順利，法國空有強悍陸軍，卻無力擊敗精良的英國海軍。戰況正膠著時，他收到來自歐洲的消息：各國又組織一次更強大的反法聯軍，且督政府內部也無力拿出解決之道。他決定冒著被英國海軍抓到的危險，趕快返回法國。

好不容易回到法國的拿破崙獲得不少人支持，決定邁出控制法國政權的第一步。在一七九九年，他利用武力取得政權，自命為第一執政官（First Consul），並不斷擴大自己的權力。到此為止，從法國大革命以來的政府組織正式終止於拿破崙手中，無論日後他是否維持者共和體制，依舊無法改變一人專政的事實。

掌握大權的拿破崙並未讓支持者失望。他先是用軍事、外交手段，化解此波反法聯軍。解決軍事危機後，他並未忘記法國在過去十年的內政問題，不以意識形態掛帥，多方任用來自各種背景的人才，強力推行各項改革，實行中央集權政策，成功建立一個比起過去都更有效率的政府組織。法治上，頒布《法國民法典》（*Code civil des Français*，又稱為《拿破崙法典》），是極其重要的內政成就。這部法典牽涉到婚姻、公民權、財產等內容，以有系統的法令廢止傳統制度，精神上採取啟蒙理念，並確立「個人能力比出身更重要」的原則。但這部法典也有較為保守的地方，特別是將女性地位歸屬在男性之下。自從一七九九年到一八〇四年的這幾年間，拿破崙逐步帶領法國走出自大革命以來的亂象，對法國有相當影響。他的許多內政改革，例如《法國民法典》所確立的精神，在此之後也一直傳承下去。

西元一八〇四年，拿破崙決定自行加冕為帝，成為法蘭西帝國的拿破崙一世，空有外表的共和體制就此消失。拿破崙的大膽舉措也引起不少人的不滿，本來相當崇拜他的音樂家貝多芬，憤而將原先以他為名的交響曲更名為〈英雄交響曲〉。

拿破崙戰敗：遠征俄國與滑鐵盧之役

自從拿破崙在一八〇四年稱帝後，接下來十年邁入其生涯中最輝煌的階段。他的陸軍在歐洲幾乎戰無不勝，攻無不克。短短幾年間，他就建立一個絲毫不下於查理曼帝國的龐大帝國。當時法國的直屬領地跨入北義大利及地低國地區，在法國邊界周圍，則建立諸多附屬衛星國，任命他的家族成員或將軍統治。古老的神聖羅馬帝國在拿破崙要求下走入歷史，原先分散的各大小邦國重新整合成幾個大國，並組成萊茵邦聯（Confederation of the Rhine），作為法國與其他歐陸國家的緩衝地帶。在更外圍尚維持獨立的俄羅斯、普魯士與奧地利等，也因屢次戰敗，被迫與法國結盟或是維持和平整個歐洲地區，僅剩英國、葡萄亞及瑞典少數地方還在反對拿破崙的統治。

不同於陸軍，海軍戰力往往需要更多的經驗累積與技術支持，在拿破崙戰爭時期，英國海軍始終能在這些條件佔上風，成了拿破崙最棘手的對手。控制整個歐洲大陸後，拿破崙的下一個目標是打敗英國。為此他決定攻打與英國友好的葡萄牙，但法軍進入伊比利半島後，反而遭遇西班牙人的攻擊，再加上英軍來自海上的支援，此一半島成了他稱帝以來第一個無法控制的地區。拿破崙所到之處雖然推行不少新政，散布啟蒙式理念，但不斷徵收該地物資、人力，介入內政的做法也引起不小反彈，西班牙人的反抗只是冰山一角。為了打敗英國，他決定採取更極端的做法：實施大陸封鎖政策。要求包括他的盟友禁止與英國有貿易、物資交流。當時的英國因為有規模不小的海外市場與原料產地，所受到的損失相當有限。反倒是歐洲大陸，如今因封鎖政策無法獲得生產原料，且被迫限縮在規模有限的歐陸內部市場，反倒蒙受巨大損失，不滿拿破崙的聲音更盛。一八一〇年時，俄羅斯退出拿破崙的聯盟，封鎖政策因此破了一個大洞。

拿破崙在一八一二年的春天，率領六十萬大軍進攻俄羅斯。龐大的俄羅斯令善於速戰速決的拿破崙頭痛不已，在嚴峻的冬天到來前，俄羅斯仍用焦土政策與他周旋。眼見即將敗給酷寒，拿破崙拋下軍隊逃回法國。多年以來，他終於面臨一場真正的慘敗。此役使各國的反拿破崙勢力信心一振，再次組成反法聯盟，終於在一八一三年將拿破崙趕下台。

戰後各國代表在維也納集結，協商處理接下來的歐洲局勢，途中他們聽到拿破崙逃離拘禁地返回法國的消息。一八一五年的滑鐵盧之役是他們與拿破崙的最後一戰，此役之後，拿破崙時代告終。西元一八二一年，這位曾是歐洲最有權力的統治者，在大西洋上的聖赫勒拿島（Saint Helena）逝世。

歷史這樣看

《人權宣言》：天賦人權與自由平等

西元一七八九年，國民會議成立不久後，發表了重要性絲毫不下於美國《獨立宣言》的《人權宣言》。頒布本宣言是為了讓後來的執政者能牢記應保障的自由與人權。在此之後，法國憲法或《法國民法典》等，都將《人權宣言》的精神編入其中。此外，這份宣言更啟發了許多國家的自由精神，例如言論自由、財產保障、女性權益等，當今世界相當珍視的眾多人權概念，都可從《人權宣言》找到蹤跡。在人類歷史上鮮少能找到具有如此重大影響力的文件。

《人權宣言》或法國大革命所宣揚的天賦人權，擁有一脈流傳的歷史發展。古典時代的思多葛學派認為，世界上存在一種人人在其面前皆平等的「自然法」。歷經古典時代後，自然法的概念在中世紀繼續傳承演變，最後再由啟蒙哲士繼承，發展出內涵更豐富的自由理念。例如著名的盧梭，就假定存有一個不證自明的自然法賦予眾人自由平等。因為如此，人類才有自由可轉讓給公共意志，簽定社會契約。

以「天賦人權」的概念為中心，《人權宣言》開始探討誰是自由的敵人，以及要如何維護自由等議題。《人權宣言》開宗明義地指出，「無視、遺忘或藐視人權是公眾不幸和政府腐敗的唯一原因，所以決定把自然的、不可剝奪的和神聖的人權闡明於莊嚴的宣言之中。」所以宣言接下來列舉幾項政府不得無故侵犯的重要人權，如宣言的第二條，就對此立下一個簡潔明確的論述，「任何政治結合的目的都在於人的自然的和不可動搖的權利。這些權利就是自然、財產、安全和反抗壓迫。」為了保障人權，就必須以法律規畫界線。不過法律的權威性，不是來自於統治者的意志，而是來自於全國公民的共同協定。在法律面前人人平等，且行事不應超出法律所允許，但更重要的是，《人權宣言》想建立的社會，是政府依法治理國家的法治社會，例如其中第七條宣示，「除非在法律所規定的情況下並按照法律所指示的手續，不得控告、逮捕或拘留任何人。」政府應當守法是現代自由精神的基本理念。

不可否認的是，《人權宣言》的許多內容看來過於簡約模糊，這畢竟只是一份綱領性文件，具體細節有待後人以其他方式加以補充。不過因為《人權宣言》的巨大影響力，其中幾項關鍵字詞，或是重要理念如「天賦人權」、「自由平等」等，皆已是許多人耳熟能詳的內容，無論他們是否知道這些理念來自何處。

拿破崙掌權的優勢：十八世紀末法國的內外局勢

拿破崙的出身家庭並非貧困，也稱不上是達官貴族，但法國大革命給了他諸多機會提升地位與名望，最後成了法蘭西帝國的皇帝。雖然他是非常極端的例子，其一生也證明了大革命打破傳統的政治、社會結構，使社會流動的可能性更超過以往。

拿破崙得以掌握國家大權，有賴於當時的幾項內外局勢。對外，各國統治者始終不放心大革命後的法國，尤其是在處死路易十六，政體直接轉為共和制後。革命之後的第一波攻擊雖順利擊退，卻在拿破崙遠征埃及時，另一波令督政府難以應付的反法聯軍再起。法國內部局勢也相當嚴峻，督政府上承恐怖統治時期，始終無法有效穩定國內政局。法國民眾依然期待自由人權，但他們也希望能有一位強人結束此番亂世，拿破崙正好扮演了這個角色。當時侍奉約瑟芬皇后（Joséphine）的侍女雷穆沙（Remusat），就在她的回憶錄中，留下拿破崙何以掌權的最早分析之一。她提到，法國的氛圍正好適合像拿破崙這樣野心勃勃的人「我能夠理解，那些因大革命的騷動而筋疲力盡、對長久與死亡相連的自由感到恐懼的人，如何希望在一位有能力、命運似乎在向他微笑的統治下獲得和平。……那些人非常真誠地相信，無論作為執政還是皇帝，波拿巴都能利用他的權威挫敗派系的陰謀，而且能夠把我們從無政府的混亂中解救出來。」

翻開拿破崙的日記或回憶錄，也可見到他很有意識地利用當時的狀況，將自己形塑成法國非他不可的英雄人物。

拿破崙為何能獲取權利也是後代史家在研究的議題，而且因為事隔多年，得以用更宏觀的角度觀察。例如以研究大革命與拿破崙時代見長的史家萊昂斯（Lyons），就以《拿破崙．波拿巴與法國大革命的遺產》（*Napoleon Bonaparte and the Legacy of the French Revolution*）一書，說明拿破崙的崛起與法國嶄新的社會結構密不可分。拿破崙雖然稱帝，但他這麼做不是為了重建傳統秩序，而是確認新秩序。在他統治之下，不問出身，「而是宣布了區分不同地位的新標準：財產數量、個人才能和對國家的貢獻。」這對許多因大革命而提升社會地位的新菁英而言，是相當理想的社會結構。拿破崙看似保守，他的政權卻充滿革命後的新氣息，因而獲得眾人支持。

時代的合適性、運氣與個人能力這三者，共同將出身平凡的拿破崙推向法國最高位。被流放到聖赫勒拿島後，拿破崙曾說：「我出身低級階層而成為皇帝，因為形勢和性情都與我同在。」

能否看出拿破崙所稱的「形勢」，將是未來統治者維繫政權的關鍵。

《法國大革命的反思》：質疑啟蒙式自由精神

法國大革命發生後，歐洲知識圈掀起一番論戰。支持者讚頌大革命的到來，視之為自由的一大勝利。當時的一位英國佈道者普萊士（Price）就將英國的光榮革命與法國大革命等而視之，定位為人民在實踐反抗及選擇統治者的自由。他的觀點引來英國政治家柏克著書反擊，留下《法國大革命的反思》一書。他在書中提到，英國國會在當年的舉動只是重新確立英國傳統，而非如同大革命，以不切實際、難以捉摸的理論全面推翻傳統。他的論證指向一個結論：英國的自由不是憑空出現，而是前人留給後世的珍貴財產。

要了解柏克的理論，有必要回頭檢視他認為的英國傳統。《大憲章》並未建立在「天賦人權」或其他「神聖真理」的大前提之下，而是運用許多條文，一一規範國王（政府）的權限範圍，相當繁雜瑣碎。而後來的《權利請願書》、《權利法案》等，都是在延續《大憲章》的做法。「延續前人並依據當代人所需適時改變」，是十七、十八世紀英國法學家對英國法律的解讀。柏克的政治思想承襲此一法學概念，相信英國政體中的權力均衡、保障個人自由的作法源於悠久、不可侵犯的傳統，因而當美洲殖民地的抗議越演越劇烈時，立場上相當同情殖民地民眾。柏克強烈質疑「天賦人權」的概念，認為以此為基礎的自由精神不似英國模式，抽象、空泛，不切實際，而法國人民竟以此為武器，摧毀法國長久以來的傳統制度。他的《法國大革命的反思》指出啟蒙式自由主義的些許關鍵問題：天賦人權究竟是賦予了哪些權利，又要如何證明所有人享有的自由都是一樣的？在後人熱烈擁抱自由主義時，對自由的內涵與界限之討論未曾停過。

十九世紀著名知識分子霍布豪斯（Hobhouse）的《自由主義》（*Liberalism*），也深入質疑啟蒙式自由主義。他認為啟蒙的自由觀，只能解釋何以個人自由與公民社會得以成立，卻無法在兩者之間畫出明確界線，所以，「最終權力屬於誰？……如果人民故意制定一些否定個人權利的法律，對這類法律應該以人民主權名義予以服從，還是應該以天賦權利名義不服從？」

柏克代表的不只是較為保守的看法，也代表了最早一批嚴厲質疑啟蒙式自由主義的意見之一。他所提出的質疑，直到今天依然是許多知識分子不斷討論的話題。假使啟蒙式自由主義只能解釋人類為何有自由，那麼有哪些自由，及如何實施，就是因其而受惠的後世人類應不斷省思的議題。只有如此，自由主義才更能是一種可期待的理念，而非單純的政治理論。

理想破滅：對法國大革命的不滿

法國大革命一開始就是一場充滿理想性的活動，眾多參與者投身其中，試圖創造出他們心目中的理想國度，最著名的《人權宣言》，便散發出對新局勢的高度期待。在一七九四年時，一位政治人物在公開場合的演講提到：「在我們的國家，我們希望用道德來取代自私，用正直取代名聲，用原則代替管理，用責任代替禮節，用理性王國代替習慣的暴政。」喊出這段充滿理想言論的人正是羅伯斯比。他是一位非常有爭議性的歷史人物，一來他相當熱情地投身於大革命，但另一方面卻用迫害異己的方式穩定革命。羅伯斯比在同一場演講接著說，恐怖統治是無法避免的手段，代表了「正義」與「美德」。然而，羅伯斯比的正義，卻讓許多無辜之人喪命，違背了《人權宣言》的初衷。

從幾份當時的文件就可看出大革命正在變質。其中之一是拿破崙寫於一七九九年的日記。當他從埃及返回巴黎時，看出現有的憲政體制難以運作，於是他接受其他團體的提議，一同策畫政變。而約瑟芬皇后的侍女雷穆沙夫人也在回憶錄中說過，「沒有人敢說出『共和國』這個字眼，恐怖已經深深地玷汙了那一名字。督政府的官員遭到人們的輕蔑，在這種輕蔑中，督政府的統治枯萎了。……在民眾那裡，所有的熱情都已喪失殆盡。另外，人們所信任的人接二連三地欺騙了他們。」

法國大革命之後，評價大革命的著作陸續問世，《佛蘭肯斯坦：或是現代的普羅米修斯》（Frankenstein: or the Modern Prometheus，俗稱《科學怪人》）即為其中之一。作者雪萊（Shelly）在一七九七年出生，母親是著名的女權主義者沃爾斯東克拉福特（Wollstonecraft）。一八一八年時完成的《科學怪人》，描述一位前途看好的科學家佛蘭肯斯坦在好奇心驅使下，貿然創造出科學怪人，卻因為其醜陋外觀而遠離他。科學怪人的心地善良，並試著學習人類世界的美德，但他的醜陋外觀頻頻引來誤解、攻擊。憤恨與不滿使科學怪人變成殺人魔，佛蘭肯斯坦深愛的未婚妻因此死去。這齣悲劇的直接源頭，就是創造科學怪人卻又疏於照顧的佛蘭肯斯坦。

從政治史的角度來看，作者以《科學怪人》劇情為譬喻，指出在這一場巨大的變動當中，革命的領導者才是最應當批評的對象。佛蘭肯斯坦代表的是法國大革命的領導者，雖有美好理想，因為不負責任的行為，最後讓具有良善本質的大革命失控，使之成為一個到處殺人的怪物。

法國大革命的理想雖是眾人堅守的理念，但當年引發的爭論、混亂，也直接或間接地造成許多難以否定的悲劇。十九世紀歐洲各國對革命的擔憂，甚至對自由主義的反感，都和法國大革命的後續發展不無相關。

《女權辯》：自由主義與女性權利

啟蒙時代的女性常扮演著相當重要卻又備受忽略的角色。當時許多沙龍活動，有賴談吐得宜、舉止優雅的女主持人帶動，但啟蒙哲士在宣導天賦人權、自由平等時，並未認真考慮女性權利。

廣義來講，自由主義要求以法律約束政府權限，使之不濫權。狹義而言，自由主義追求個人權利的維護及實現。一七八九年的《人權宣言》，就是自由主義的代表作，朝向啟蒙哲士的理想狀態前進。但在眾多女性參與者眼中，法國大革命仍有許多不足之處。西元一七九二年，正是法國遭受各國入侵的危機存亡時刻，當時的女權主義者萊昂（Léon），代表數百位巴黎女性向國民會議發表一份宣言，強調女性也有保護國家與自由的「權利」。她們稱呼自己是女性公民（Citoyennes），因此「我們無法對祖國的命運置身事外」，並且「就像你們，我們需要保衛自己。你無法拒絕我們，且社會也無法拒絕自然給予我們的權利，除非你假定人權宣言不適用於女性。」換言之，她以人權宣言為後盾，挑戰當時法國的傳統社會結構，相信女性對國家的熱情並不遜於男性公民。雖未明確宣示，但萊昂的論點已明顯具有兩性平等的意涵。

更激進的言論來自於英國女權主義者沃爾斯東克拉福特在一七九二年完成的《女權辯》（*The Right of Woman*），以更有系統的方式，探討女權問題下的社會結構，是二十世紀女權運動的重要讀物。她承襲啟蒙時代的理念，在政治態度上相當反對君主制及貴族階級，因為她相信，一個人的教育及後來發展出的理性思考，重要遠遠大於其出生家庭。君王與貴族的尊貴來自外在包裝，而非發自內心的美德。在此論述基礎上，進一步討論到女性問題。她不否認現在的女性虛弱且地位低下，不過這應歸咎於現有教育無法讓女性獲得理性、美德，而非天性所致，也就是說兩性之間沒有根本差異。她更引用當時的自由理念，反駁否定女權的言論，「如果男人抽象的權利禁得起任何討論和解釋，基於同樣的理由，婦女的權利不會因同樣的考驗而消失。儘管這個國家流行著完全不同的觀念，而且它們基於你經常用來為壓迫婦女辯護的論點——成規慣例。」

法國大革命激發民眾追求自由平等，也激發女權主義者開始思索女性的社會處境，而自由理念成了她們最強而有力的後盾。不過推翻傳統並非易事，《女權辯》在當時未能發揮廣大影響力，大革命過去後，女權運動仍要花費好一陣子才能看到具體成效。

第四章

十九世紀歐洲的革命與工業化社會

經歷法國大革命及拿破崙時代後，歐洲各國都想要回到穩定，又不會有革命威脅的美好過去。他們在一八一四年召開的維也納會議，即以此為目標討論後拿破崙時代的歐洲局勢。波旁家族重回法國王位，各國領地、勢力範圍平均分配，以求能相互牽制。過了十餘年後，歐洲的局勢大致穩定，維也納會議頗具成效。

不過從美國獨立運動、法國大革命及拿破崙時代開始，追求人權、自由的理念早已廣為流傳，執政者如果只想守住舊有秩序，只會遭致更大反抗，當時就連最保守的人都知道，必須要接受些許政治改革。但這些改革看在許多不滿者眼裡仍嫌不足，從一八三〇年代起，挑戰現況的聲浪不斷壯大，直到一八四八年邁向高峰。歐洲各地同時發生多場革命，嚴重打擊維也納會議之後的保守政治結構，更大程度的改革勢在必行。

法國大革命爆發時，英國正在上演日後稱為工業革命的產業變革，人類的生產模式朝向規模更大、更有效率的方向大幅改變。此波變革中，培養出一批富有的資產階級，過著完全不下於貴族的富裕生活。另外有一批無產階級，卻必須在惡劣條件下販賣廉價勞力，對未來感到茫然。隨著工業化及城市化的範圍、程度不斷擴大，無產階級的數量也越來越多。在一八四八年的革命中，無產階級也是眾多參與者之一，但他們的影響力在當時看來仍相當有限。

一八四八年之後，無產階級才發現他們的訴求必須依靠自己的力量才能實現。工人組成工會為自己的權益向資方、政府抗爭，或是接受馬克思所提倡的共產主義。馬克思將人類的歷史視為階級鬥爭史，並認定所有無產階級共同發動革命，才能終結此等不公局勢。不過一直到二十世紀初，都未曾發生可能推翻現況的無產階級革命。相較於以往，各國政府越來越願意以「政府民主化」的做法穩定國內秩序。例如在英國，多次的政治改革使議會制度更具民意合法性。許多共產主義者仍心繫革命，但在時機成熟前，他們更傾向先用議會政治改善工人生活，並凝聚他們的階級意識，像是支持共產主義的德國社會民主黨，順利抵抗來自俾斯麥的打壓，日後成為德國議會的重要大黨。最後真的發生革命、建立共產黨政權的，反而是在工業化程度較低的俄國。

維也納會議：拿破崙戰爭後的歐洲局勢

西元一八一四年，各國代表齊聚維也納，一同討論如何畫分拿破崙垮台之後的歐洲。俄羅斯、奧地利、普魯士、英國及法國是會議的實質主導者，所以他們之間的外交策略與利益關係相當程度上影響這場會議的走向。儘管各國都有不同打算，不過希望創造穩定、確保秩序的歐洲大陸是相當一致的目標。這使得維也納會議成了十九世紀初期歐洲保守主義的重要代表。

法國問題是維也納會議的重點之一。法國身為戰敗國，除了必須賠償，領地只需退回至一七八九年當時的邊界，而波旁家族再次坐上法國王位，由路易十八（Louis XVIII）統治。很明顯的，這場會議並未打算刻意削弱法國國力，因為他們希望法國依然能維持一定實力，平衡歐洲各國勢力。雖曾遭遇拿破崙返回法國復辟的突發事件，這項對法國的政策依然保存下來。

同樣基於勢力均衡原則，奧地利得到整個北義大利地區，而普魯士則獲取日耳曼西部大片領地。抵抗拿破崙相當努力的英國，則獲得法國在海外的大片殖民地。歐洲其他地方若不是維持原樣，如西班牙、兩西西里王國，就是使之獨立做為各國的緩衝區，如薩丁尼亞王國、尼德蘭王國，及拿破崙時代成形的日耳曼地區諸邦國。而反對拿破崙的重要大國俄羅斯，獲得分蘭及波蘭的大半部分。除了分配領地外，英、法、俄、普、奧也希望未來以討論、開會的方式解決彼此衝突，並允諾未來協助各國維持國內秩序與和平。

維也納會議在一八一五年閉幕，各國實施會議所確認的保守政策，特別是奧地利與俄羅斯，在接下來的幾十年間，不遺餘力地確保維也納會議的精神得以順利推行。雖為保守主義的代表，維也納會議也不得不接受拿破崙遺留的變革，例如接受有限度的政治改革。不過從後來的歷史發展來看，這些變革少到難以為當時的社會氛圍所接受。縱使不喜歡拿破崙的軍隊，但他們所帶來的自由主義與民族主義，早已散布在各國人民心中，並準備起身反抗維也納會議的原則。

無論維也納會議是否跟得上時代變革，其確立的均勢原則與國際秩序，確實主導了歐洲大陸接下來一世紀的發展，而且大致上也確保國與國之間的和平局勢，穿插在漫長的十九世紀中，僅有間歇性的短期戰爭零星地發生。

中南美洲的獨立與法國七月革命：挑戰保守主義的嘗試

保守主義的原則在不久後就面臨各方面的挑戰，首先是中南美洲。趁著歐洲各國忙著處理拿破崙戰爭，中南美洲各殖民地陸續發起獨立運動，從海地開始，接著是智利、阿根廷、墨西哥、巴西等國，他們的訴求或多或少都受到美國獨立、法國大革命、自由主義及民族主義等歷史發展的啟發。最積極支持保守主義的奧地利首相梅特涅（Metternich）雖試圖阻止革命，但當時的海上強權英國考量到國家利益，不願過問美洲的發展，遲遲無法干涉該地的獨立。直至一八三〇年代，大多數的中南美洲殖民地都已獨立建國。

除了美洲，歐洲也陸續爆發挑戰保守主義的運動。例如義大利燒炭黨（Carbonari）開始運作，他們反對奧地利統治義大利，並要求更自由平等的政治環境。就連相當保守的俄羅斯也在一八二五年爆發革命。而這些要求都在各國軍隊的強力鎮壓下暫時消失。

希臘獨立是當時唯一不受歐洲各國反對，甚至還派兵支援的民族獨立運動。希臘當時在土耳其帝國統治下，各國軍隊藉由該地的民族獨立運動派兵進入巴爾幹半島，趁機打擊土耳其國勢。終於在一八三〇年代，受自由主義與民族主義啟發的希臘獨立。此後幾十年間，有越來越多獨立國家在巴爾幹半島出現。

短短十幾年間，各大小不斷的反抗運動一再顯示保守主義試圖建立的原則越來越不合時宜，當時最大的重擊來自於法國的革命。法國路易十八及之後的繼承人查理十世（Charles X），他們被迫接受某些政治制度的變革，頒布憲章，開放選舉與組成民意機構。不過他們的態度傾向於返回舊秩序，特別是查理十世以強硬手段恢復教會地位、壓縮參政權、否定民選代表，視國家為國王而非人民所有。加上經濟狀況不見起色，對查理十世的不滿在一八二八年就已相當高漲，當時甚至有巴黎市民高喊，「拿破崙萬歲。向想要將我們餓死的查理及教士宣戰，至死方休。」在一八三〇年七月，查理十世獨斷地實施更保守的政策，激怒巴黎市民起身反抗。眼見即使派出軍警仍無法控制局勢，他選擇退位流亡，結束波旁家族在法國的最後統治。法國人民決定保留君主制，由貴族路易腓利（Louis Philippe）擔任國王，不過大幅限縮其權限，原先的種種政治限制也加以放寬。

做為歐陸大國，法國的革命相當重要，這宣告保守主義的一次重挫。在接下來的幾年，縱使保守主義未曾完全消失，卻也在自由主義與民族主義前節節敗退。

一八四八年革命：遍及歐洲的革命浪潮

西元一八三〇年的法國革命，對不少人而言過於保守，政治、經濟方面仍有諸多限制，法國國內就維持著這樣的改革壓力來到一八四八年。在過去十餘年間，要求政治進一步改革的意見鮮少獲得正面回應，再加上仍有大批中下階層民眾苦於失業及生活環境不佳，在一八四八年二月，他們決定遊行集會向政府表達不滿。就在政府判定集會違法不久後，長久以來的怒氣轉變為一次又快又急的革命。不到三天時間，法王路易腓利浦逃亡，法國又再一次轉變為共和體制。此一消息隨即傳遍歐陸各地，受法國革命激勵，日耳曼、義大利、奧地利等地接連發生革命浪潮。

與法國較為不同的是，其他地方的革命摻雜了更多民族主義的成分。許多革命者想要更自由、平等的政治權利（如制定憲法、擴大投票權、減少經濟限制），也想要自己的民族建立獨立國家。日耳曼是當時最能反映此一革命浪潮的地方，包括普魯士、奧地利在內的諸國，皆面臨要求政治開放的壓力，懷抱日耳曼統一夢想的各國人士，還派代表到法蘭克福決定要以何種形式統一國家。在義大利和東歐地區，民族主義者也起身挑戰奧地利的統治。由於特殊的歷史發展，十九世紀的奧地利橫跨多個文化區，因而存在最複雜的民族問題，其中又以匈牙利人、義大利人的抗爭最激烈。這場革命進展快速，保守勢力看來亂了手腳，卻也在短時間內走向失敗。

無法有效地結合各方力量是這場革命失敗的主因。西元一八四九年，聚集在法蘭克福的日耳曼民族主義者，將日耳曼王國的王冠獻給普魯士國王威廉四世（William IV）時，他拒絕接受，因為他無法認同這場革命，也不想接受一份在他眼裡看來過於自由的憲法。事實上在革命發生後，何種程度的改革，以及如何達到目的，就成了分裂革命者的原因。在法國，更激進者要求成年男子的普選及更好的社福照顧，反而嚇到與他們一起革命，態度較保守的資產階級。又例如在義大利，馬志尼（Mazzini）要求建立一個採取共和體制的統一義大利，也將可能的盟友如薩丁尼亞王國拒於門外。

一八四八年的革命，多半因軍隊鎮壓或內部分裂而結束。這場革命看來少有成功處，卻再次激發人們對於自由的熱情，不同立場的人未來繼續以自己的理念追求他們的目標。溫和自由派要求的是逐步、穩定的政治改革，在這一點上他們成功迫使保守主義做出更大讓步。更激進者則知道不能完全依賴溫和的自由主義者，許多人轉而從社會主義或共產主義尋求力量。而民族主義者則發現，建立屬於自己的國家並非不可能的事情。

英國的政治變革：憲章運動與改革法案

以海峽與歐洲大陸隔開的英國，不可避免地受到自由主義的影響。與歐陸發展不同的是，英國的政治變革少了革命帶來的動盪不安，且執政當局對於改革的態度也比較開放。英國實施已久的議會制度在十九世紀面臨不少問題，例如限制天主教信徒的參政權。在一八二〇年代，執政當局認為此一不平等的參政條件會影響到政局穩定，著手廢除原先限制。接下來更重要的改革是在一八三二年通過的《改革法案》（*Reform Bill*）。當時的英國正歷經工業化，許多新興工業大城卻沒有因此在議會擁有自己的代表。席位分配仍依照舊有制度，給予人口過少，或是早已不復存在的傳統市鎮。換言之，現有的議會代表早已不符合現實狀況。有鑑於如此不公平的條件，許多新興中產階級、城市工人聚集起來要求議會改革。英國首相也利用民意支持，逼迫上下議院通過《改革法案》。新的法案重新分配下議院的議員席次，因工業而興起的北方諸多市鎮獲得代表，而且參政權也有放寬，使下議院更具民意基礎。但就像同時代的歐陸各國，政治變革雖放寬參政權，但財產限制讓少數人才有資格投票，多數民眾都被排除在外。

在一八三八年時，要求更激進改革的民眾發表《人民憲章》（*People's Charter*）。此憲章提出六大訴求，分別是：採用不記名投票、推行成年男子普選權、取消下議院議員的財產限制、下議院議員得以支薪、每年舉行議會選舉、議員代表的選民數一律平等。種種要求都是為了讓財產權原先造成的阻礙消失，為工人、窮人提供更有利、公平的參政權。《人民憲章》獲得許多人的支持，往後十年成長為規模浩大的憲章運動。該運動一直活動到一八四八年，受到歐洲革命浪潮的激發，大批支持者聚集在倫敦要求政府接受。他們的訴求再一次遭到否決。此次之後，憲章運動的活動轉趨冷淡，並未發展成推翻政府的革命。

憲章運動雖然失敗，但當年宣揚的理念仍在英國一步步實現。一八六七年頒布另一道《改革法案》，大幅放寬投票權。一八七二年實施祕密投票制度，一八八四年再度放寬投票權，超過百分之七十以上的成年男性都有投票權。與此同時，為女性爭取投票權的運動正在蓬勃發展。自由主義在英國也成了改變其政治樣貌的重要力量。

英國工業革命：邁入工業化時代

十八世紀末期，正當法國進行翻天覆地的大革命時，英國也發生一場影響人類甚巨，被後世稱為「工業革命」的變革。所謂的工業革命，並不是讓人類社會隨即轉入全面的工業化時代，農業仍是十九世紀主要產業，相當比例的人口仍以務農為生，居住在城市以外的地方。工業革命之所以會被冠上「革命」一詞，在於引發的後續效應幾乎改變了人類的日常生活模式，影響力之大，絲毫不小於同時代發生的法國大革命。

就像歷史上的許多變革一樣，在英國發生的工業革命是諸多歷史發展匯集在一起的成果。英國工業革命大約起始於十八世紀晚期，以紡織業、蒸汽機引擎，鐵路等領域的變革為代表，標誌人類的生產模式及動力來源的巨大轉變。十八世紀時，積極、富有好奇心的英國發明家致力於研發加快紡紗速度的機器，從而滿足迅速成長的國內外市場。一連串的機械變革不斷壓低生產成本，且生產效率成長數倍之多。在十八世紀末雖然還不明顯，但這預告人類產業將邁向大規模生產時代，世界上依然存在精品市場，但人們可用更低的價位，取得以往難以負擔的商品，且選擇也越來越多元。

數千年來，無論相關機械多麼進步，動力來源仍不脫動物力與自然力的限制，蒸汽引擎的出現使人類打破了種種限制。原本只是抽水機器，經過英國發明家的多次改良，結合煤礦作為燃料，轉而變成當時另外一項重要的動力來源。從今而後，不僅有更大馬力的能量，而且這股能量將永不疲累、更不受自然條件限制，有助於大幅改善工業生產環境所需的動力。而這只是人類在工業化時代尋求新能源的初步嘗試。

工業革命的另一重大變革為鐵路建設。長久以來，人類相當依賴水路運輸，因為比起陸運，更安全、便利、迅速。直到鐵路出現，才逐步扭轉此一現象。隨著資本不斷累積，動力來源穩定，及煉鐵工業也邁入大量生產的階段，皆為鐵路發展提供重要基礎條件。最早的鐵路鋪設於一八三〇年代，早先用來運輸煤礦，不久後有人看出用來載運人或貨物的巨大潛力，英國也邁入鋪設鐵路的高峰期。不可否認的是，水路仍是重要運輸管道，但因為鐵路系統的成形，人類的產業分布、移動將更不受限制，加快了發展速度與擴張。

紡織業、蒸汽引擎與鐵路並非工業革命的全貌，不過這些發展背後，都代表了人類的工業生產在技術及觀念上的重大變革。從這些轉變開始，影響力將越來越大，在一開始看來微不足道的發展，隨時間過去將更大規模地改變人類社會，甚至擴及到政治領域中。

第二次工業革命：工業生產技術的擴張

第二次工業革命指涉十九世紀中葉後擴及到歐洲大陸的工業化現象。從許多方面來看，歐陸地區也深具發展工業的潛力，廣大的人口既是勞力也是消費市場，所蘊含的鐵礦、煤礦相當豐富，而且有勢力龐大的中央政府可協助工業發展。大肆鋪設鐵路是歐陸邁入工業化時代的象徵性發展，大約從一八三〇、四〇年代起，短短幾十年間，鐵路長度就成長超過百倍以上。除了鐵路，工廠的生產規模與品質也不斷進步中，代表性產業如鋼鐵、煤的產量直逼英國。

歐陸的工業革命不只在舊有產業領域追上英國，還有電力能源、化學，以及以石油為動力的內燃機等重要發展。因為電力，人類的能源運用可更有彈性，煤礦產地既有的地理限制相對減弱。因電力而來的發明還有電報，大幅減少交換訊息所需的時間成本，如今工廠主及商人，或是政府與軍隊能更有效率地掌握各地狀況。因為化學，工業產品更加多元廉價，如橡膠製品、人造顏料、藥品等產業都受惠良多。內燃機的技術雖然還未成熟，但用更簡易的燃料就有更大的動力來源，顯示出無窮潛力，未來的汽車及飛機發展都相當依賴此一新技術。

成熟的科學知識，是第二次工業革命不可或缺的一環，而這往往有賴於政府資源的幫助。與英國相當不同，德國政府積極以國家力量介入工業發展，例如以國家資金協助能源開發，創設專門的技職學校、實驗室，致力於結合科學知識與生產技術等。因此，歐陸國家，特別是德國的工業發展雖然起步較晚，在工業領域中的進步速度絲毫不下於英國。直至第一次世界大戰前夕，德國的部分重要產業如化學工業早已超過英國，其他方面也緊追在英國之後。

工業革命大幅改變了人類的物質生活，比起過去好幾個世紀，人類得以享有更多元、價格更低廉許多的各式產品。經歷工業革命，大眾消費市場、大眾文化正逐步成形。因為鐵路、電報，單純為了休閒、放鬆的海外旅遊成為新興產業，遠離家鄉不再是一次生死未卜的路程。也因為工業化，提升戰爭的強度。大規模生產技術也可用在武器製造上，短時間內製造出數十萬把槍枝，數萬顆砲彈已非難事。鐵路及電報的利用，更意味著可迅速動員大批軍力送往前線。十九世紀的克里米亞戰爭、美國南北戰爭及普法戰爭等，都預告人類將迎來更大規模的戰爭模式。不過一直要到第一次世界大戰爆發後，多數人類才能切身體認到此一變革帶來的殘酷後果。

社會主義的成形：改善人類社會

在法國大革命及接下來近半世紀的多場革命之中，總少不了工人或生活貧困的無產階級。他們跟著律師、商人等中產階級，一同處於名為「自由」的大旗下，試圖爭取更好的生活。換言之，在認同自由主義的陣營中，也會分為較溫和的右派及較激進的左派。前者希望政治。、經濟制度往更自由的方向發展，但難以接受馬上採取全面普選制，擔憂這將變成無法控制的暴民政治；後者也要求改革，不過他們的理想目標比溫和派所能接受的程度更大，立場上較支持共和制或普選權，並實施社會福利策略。雙方的差異使他們分道揚鑣，一八四八年的諸多革命即出現此一發展。窮困的一般大眾，特別是工業革命之後的工人群眾，轉而依附在社會主義之下，繼續為他們的生活權奮鬥。

社會問題一直是近現代歐洲爆發革命的主因之一。十九世紀還沒有建全福利制度，個人的不幸與苦難鮮少能得到妥善照顧。參政權與財產多寡綁在一起的結果，使一般大眾政治上的弱勢族群，他們的生活問題很容易演變成對現有政局的不滿。早在十九世紀初的英法地區，就有人注意到這些社會問題，並提出一些解決之道，可說是現代社會主義的先驅。例如歐文（Owen）身為工廠主，為他的員工建設醫院、學校等設施，並制訂十個半小時工時上限，以及禁用童工等規定。這些在現代都被視為理所當然的舉動，在當時都是相當新穎的創舉。而傅利葉（Fourier）也曾計畫建造一個與歐文類似的烏托邦社會。他們雖然很有理想，對後來的影響卻相當有限。日後勞工權益的成長，仍有賴於勞工自身組織起來改變政治環境。

組織自己的團體，成了無產階級表達訴求，改善社會環境的重要力量。自從一八四八年的革命高峰過去，多少也受到越來越開放的政治環境影響，許多工人轉而尋求體制內的改革，紛紛組織工會表達訴求。一時之間雖遭受鎮壓，不過自從一八七〇年代起，從英國開始，幾個工業化最發達的國家陸續使工會合法化。此外，這些工人也順著當時的環境，組織屬於自己的政黨，如成立於二十世紀初的英國工黨（Labour Party）即為當時的代表。社會主義組織的發展，也受到認同其理念的資產階級支持，例如工黨的成立，就和費邊社（Fabian Society）成員有密切關係。該社成員認為英國確實存在社會問題，不過最好經由穩定、民主的程序推行改革，理念與工黨的做法相當吻合。

社會主義當中也有溫和右派與激進左派，從當時的環境來看，上述社會主義都可說是立場右傾的的分支。另一方面，還有名為共產主義的重要思潮，他們不滿足於社會改革，更希望發起改變社會結構的革命。

共產主義：創造新社會結構的企圖

共產主義的歷史悠久，人類歷史上也曾實施過程度不一的共產主義，而現代意義上的共產主義，主要從馬克思（Marx）開始。他在一八一五年於普魯士出生，家庭經濟優渥，受過完整的教育訓練。早年生活因為在報紙上發表多篇相當激進的文章，被當局驅逐而過著流亡生活。這段期間他研究各領域理論，慢慢形成他的共產主義理念。西元一八四八年，他和流亡期間認識的好友恩格斯（Engels），共同發表現代共產主義的重要文件《共產黨宣言》（*Manifesto of the Communist Party*）。這份宣言表示，無產階級受到剝削是歷史發展的必然結果，呼籲他們應當團結起來發動革命，終結帶來階級壓迫的社會結構，共產主義成了社會主義當中最激進的左派論點。眾所皆知的，一八四八年的革命大體上以失敗收場，當時也未發生如馬克思所希望的無產階級革命。但他在接下來的幾十年間不斷宣揚理念，使共產主義的影響力擴及歐洲各處。

一八四八年之後的共產主義有幾項重要發展，首先是支持者也接受了議會制度，以組織政黨的方式改善工人問題。例如在一八七五年成立的德國社會民主黨（Social Democratic Party of

German），是當時相當成功的共產主義政黨。首相俾斯麥（Bismarck）起初嚴格查禁此一政黨的運作，甚至主動頒布社會福利政策以減弱該黨的支持度。他的圍堵手段始終無法有效阻止該黨壯大，十九世紀末合法化後，成為德國議會中的重要大黨。類政黨組織的出現，並不代表共產主義者放棄發動社會革命。藉由這樣的政黨，他們希望在適當時機來臨前，凝聚無產階級的力量與意識，並在可能的條件上先改變他們的生活環境。

包括馬克思在內，不少共產主義者也都接受以政黨領導無產階級的手段。不過這也導致與無政府主義者的分裂。馬克思在一八六四年成立國際工人協會（International Workingmen's Assembly，簡稱第一國際），其中也包括不少無政府主義者。他們批評馬克思及其支持者的做法，只是將無產階級的壓迫者換成另外一批人，根本無法解決問題。

無政府主義者的觀點雖言中後來的發展，共產主義的擴張在當時確實相當依賴政黨組織的運動。除了德國社會民主黨，對人類歷史發展影響最大的就屬列寧（Lenin）組織的俄國共產黨。該黨成功利用第一次世界大戰的局勢，將一個世界上最大的國家轉化為共產主義國家，著手實驗共產理念。

浪漫主義：十九世紀的歐洲文化風潮

舉世聞名的音樂家貝多芬在一八〇〇年完成了第一號交響曲，在接下來的二十四年他持續創作出另外八部交響曲，成為他一生中的重要創作。仔細聆聽這九首交響曲，可感受出貝多芬將音樂當作表現個人情感的媒介。例如第六號田園交響曲以音樂描述大自然的精巧、壯碩，最為著名的第九號交響曲大肆歌頌生命的美好、快樂，並表現世界大同的理想。這九首交響曲顯示了貝多芬的音樂風格從一開始的古典主義，漸漸邁入重視個人情感，不再視理性、規則至上的浪漫主義。

浪漫主義約起始於十九世紀初，許多領域的藝術創作皆可見到此一轉變。以繪畫為例，嚴格來說，在此之前的藝術家，也會藉由藝術表現個人情感，只是到了這時，表現的手法更直覺性，更跳脫秩序、理性的限制。甚至有許多藝術家開始表現出對理性的憂慮與不滿，例如西班牙畫家哥雅（Goya）。

提及浪漫主義畫家，英國的透納（Turner）也是相當具代表性的人物。他的後期繪畫擺脫先前慣有的顯著線條、輪廓，所有色塊、物體緊密地融為一體，他追求的不是現實，而是個人感受。曾有人說難以理解透納的繪畫，而透納回應，「我的繪畫不是用來理解的。」創作於一八四〇年的《奴隸船》（*The Slave Ship*），是透納最有名的作品之一。在畫面的中央處可見到一抹太陽光輝，橘黃色光線由此散開，大海在此照射下也呈現橘紅色調。畫面左邊可看到一艘船正與翻天巨浪搏鬥，畫面右下角可隱約看到一隻銬著腳鐐的腳，飛鳥群聚的情景暗示這位奴隸已凶多吉少。他以此畫控訴當代奴隸貿易的殘酷，動之以情，而非以明確的故事內容說之以理。

浪漫主義也與民族主義的發展有所關聯。打破了以單一標準觀察人類的做法，重視個體情感與獨特性，同樣的觀點也用來觀察各個民族的特殊樣貌。民間傳說、神話故事、傳統音樂，或是歷史過往等，都是許多民族主義者視之為凝聚民族意識、相當重視的文化遺產，例如義大利特別嚮往古羅馬帝國，而德國則以擊退羅馬帝國的日耳曼人後裔為傲。大約從十九中葉開始，許多音樂創作也加入越來越多的傳統調性，及創作者的民族感受。柴可夫斯基（Tchaikovsky）的〈一八一二序曲〉（*1812 overture*），或是西貝流士（Sibelius）的〈芬蘭頌〉（*Finlandia*）即為其中代表作，其他像是布拉姆斯（Brahms）、威爾第（Verdi）、華格納（Wagner）等人，也留下許多膾炙人口的樂曲。

保守主義：重建歐洲的傳統秩序

奧地利首相梅特涅是維也納會議的重要人物，與其他國家協商拿破崙時代之後的歐洲秩序，奠定十九世紀初保守主義的基本樣貌。梅特涅在一七七三年出生，父親是一位奧地利外交官。大革命爆發後，他見識到隨之而來的動盪不安，對於各種挑戰傳統秩序的舉動都相當反感。他進入奧地利政府工作後，盡一切努力打敗拿破崙，重建歐洲傳統秩序。

梅特涅雖為奧地利首相，他並未只一味想壯大自己的國家，更希望看到的是一個穩定、沒有動亂的歐洲。他不願對法國要求太多賠償，並讓俄國及普魯士都能分到他們所期待，卻又不會破壞勢力均衡的新領地。除此之外，他更相信維持傳統秩序是確保歐洲和平的必要前提。西元一八二〇年，他以奧地利首相身分送給俄國沙皇一份備忘錄，帶著批評法國大革命的口吻提到，「宗教、公共道德、法律、習俗、權利和義務，所有一切都遭到了攻擊、混亂、推翻或質疑。」他相信人們的「自以為是」是造成亂世的起因，因為「他使自己成為自己的信仰、行動以及指導行動之原則的唯一法官……對幾個世紀遺贈下來既神聖又有價值的對人的尊重造成攻擊……宣稱他們自己是未來的主人。」在此之前一年，他就和普魯士共同頒布新法令，強化了對大學及校內組織、社團、言論自由的控制，種種作法都是希望不再發生革命。

梅特涅的保守主義態度，至少以後來的發展來看，忽略了某些政治現實，尤其是眾人對自由和民族獨立的渴望，不少人都以此批評他的強硬作風。然而，現代史家從更宏觀的視野來看，卻也承認梅特涅創造的秩序，為歐洲開闢了難能可貴的長久和平。例如相當知名的左派史家霍布斯邦（Hobsbawm），就曾在內容多元、論述深入淺出的著作《革命的年代》（*The Age of Revolution*）中，將維也納會議與第一次世界大戰後的戰後處置相比較。就「維持和平」的目標上，維也納會議的作法可能有爭議，卻相當有效率。各國之間的衝突並未演變成另一場大戰，「成就相當不凡」。

不可否認的是，梅特涅代表的保守態度與後來的時代潮流有很大衝突，但他對和平、穩定的重視，卻也具備值得深思的價值。他的理念不僅僅是一個保守分子的人生哲學，也是對大革命的不信任，以及保持和平的傾向。這並不意味著追求自由與尋找和平必有衝突，不過在梅特涅的人生經驗及所處時代中，未能看出這兩個目標有同時存在的可能性。

自由主義與民族主義：維也納會議的挑戰者

一八四八年的革命，是維也納會議以來歐洲大陸的另一次重要革命。不僅因為規模浩大，也因為革命活動在各國的發展顯露出日後的些許重要演變。自由主義與民族主義這兩大意識形態的支持者，在不同國家，甚至是不同身分的人當中，當然有不同的詮釋樣貌，其訴求也不盡相同。不過他們都共同指向維也納會議以來的社會結構與國際秩序，無論是要求政治改革，或追尋民族獨立（自決）。

對維也納會議原則的挑戰，早在一八四八年之前就已相當盛行。除了中南美洲的獨立運動、法國在一八三〇年的革命外，英國的《改革法案》，以及當時代發生的憲章運動，或是東歐、義大利的民族主義者的騷動等，一再牴觸保守主義的價值觀。以憲章運動為例，參與者堅信的立論基礎，即為「既然要求我們一概奉公守法，那麼天性和理性就賦予我們權利，要求在立法時要絕對聆聽民眾的聲音」，所以他們要求英國政府應當給予普選權。

一八四八年革命的訴求雖未馬上實現，卻成了接下來改變歐洲的重要根源，並不因失敗而降低其重要性。歷史學者霍布斯邦的《資本的年代》（*The Age of Capitalism*），便相當精確、簡潔地形容當年的革命是「一首序曲」，更多的轉變在此之後將陸續上演。起初懷抱宏偉願景，卻又在短時間內遭遇敗北是這些革命的共同特色，除了少數溫和派的要求外，幾乎所有革命都被壓制。在短時間內，看不出來一八四八年的革命有何重大影響。但霍布斯邦繼續分析，因為經歷革命，民眾越來越懂得利用群體力量，迫使當政者聽取他們的聲音。統治者的權利甚至不再是基於某種久遠的神聖傳統，而是人民的支持，民主體制的發展體現此一重要變革。霍布斯邦進一步總結，「一八四八年的革命已經明確地顯示，中產階級、自由主義者、政治民主派、民族主義者，甚至工人階級，從此將永遠活躍在政治舞台上。這場革命的失敗可能會暫時使他們遠離視線，但當他們再次出現時，他們便將決定所有政治家的舉措，即便是那些對他們毫無同情的政治家。」

那些改變歐洲的重要大事件，即為他們所帶動的後續效應，例如共產主義的發展、德意志與義大利的統一、東歐民族問題、擴大投票權、設立社會福利、創建憲法、工會與政黨的合法化等都是如此。歐洲於十九世紀下半業的複雜發展，其實都有一些既定脈絡下的源頭可供追尋。

工業革命的起因：英國的條件

從大背景來看，英國擁有發展新型態工業所需的天然資源如煤礦、鐵礦，共同構成了鐵路、蒸汽引擎所需的基本原料及能源。論及社會因素，英國長久以來就一直存在著努力累積資本、尋找投資機會的心態，即便是原則上較為保守的貴族也是如此。更重要的是，英國議會掌握國家實權，許多議員本身即從事工商業，這使得英國政策也更容易誘發工業革命的發展。最直接相關的近因則是從地理大發現開始。因為歐洲人開拓出海上航線，得以將觸角延伸到世界各地。連年戰爭使英國掌握大量海外殖民地與市場，一來成了最重要的原料生產地，二來讓商人的眼光不再侷限於歐洲內部，而是放眼於商機龐大的海外市場。高度獲利的可能性，使英國商人更有意願投入資金發展工業。

以現有歷史研究成果可知，上述內容雖為英國發生工業革命的重要條件，但不見得為英國所獨有，英國甚至存在一些「劣勢條件」，霍布斯邦的《革命的年代》就是此類研究成果之一。他很明白地提到：「不論英國領先的原因是什麼，它在科技方面並不佔優勢，」不只如此，英國的教育系統，特別是在技職體系上的表現也乏善可陳，就這些來看，日耳曼與法國也深具潛力。不過英國憑藉著其他優勢條件，因而得以超越歐陸，率先創造工業革命。除了前述內容，一些更細節的部分，例如早期工業革命所需的技術門檻不高，英國社會已累積豐富資本，更進步的農業生產技術可提供人口成長所需的糧食並釋放更多人力到工業產業，早已駕輕就熟的金融與貿易手段。這些因素剛好在同一時間集結，使「第一個重要的工業經濟建立起來了」。

美國學者彭慕蘭（Kenneth Pomeranz）則以其他的角度觀察，在二〇〇〇年完成了《大分流：中國、歐洲與現代世界經濟的形成》（*The Great Divergence: China, Europe, and the Making of the Modern World Economy*）。他從自然資源、技術、農業發展等條件，分析比較英國（西歐）與中國的情況，指出在工業革命前夕，這兩個地區並沒有太大差別。不過美洲提供了歐洲進一步發展工業所需的自然資源，及廣大農業土地用地，使英國得以突破當時的技術所設下的土地成長侷限。而中國則必須想盡辦法，為不斷增長的人口生產所需糧食，無形中消耗掉誘發工業革命的能量。

研究英國工業革命的起源，並非要試著為這段歷史設下定論。如同兩位史家的研究成果所顯示，縱使有一些可供考慮的大方向，不過從不同切入點研究，也能看出英國當時所具備的普遍性與獨特性條件。藉此，能提供後人以更多元的角度觀察這段重要歷史變革，豐富對過去、現在的認識。

工業化時代的生活（一）：資產階級的自信

十九世紀的英國出現一種被稱為「社會小說」（Social Novel）的寫作類型。小說家劇烈轉變的工業社會中，將他們看到的社會問題，放入虛構的小說情節。這類作品既滿足讀者的休閒需求，又能引起他們對社會問題的關注，是深入認識當代情境的絕佳史料，葛斯開（Gaskell）在一八五五年發表的作品《北與南》（*North and South*）便是如此。她出生於一八一〇年，從一八三〇年代起長年居住在英國的工業大城曼徹斯特，在那裡感受到與先前截然不同的生活環境，這些經驗也成為她撰寫《北與南》的靈感來源。

《北與南》的女主角瑪格莉特自幼生活在英國南方的鄉村，因故必須搬到故事中虛構的北方工業城市米爾頓。她在那裡認識了工廠主桑頓，雙方從一開始的誤解、爭吵，到最後化解歧見，傾述愛意，故事結構就像是工業化時的《傲慢與偏見》。雙方屢次爭吵的原因，來自於瑪格莉特無法認同桑頓的價值觀，一開始認定他既自私又冷酷。桑頓出身貧困家庭，最後靠著辛苦打工賺錢，除了養活一家人外，還能成為米爾頓富有的工廠主之一。當瑪格莉特質疑他為何對工人的困境如此冷淡，甚至強硬反擊工人的抗爭時，他不滿地回應如何管理工廠是他的自由，而且他也相信，工人們只要努力工作，必定能改善困境。他認為瑪格莉特的批評，完全忽略了他在這座工廠上投注的大量心力，甚至沒有看出這是他追求進步，引以為傲的成就。

雖為虛構人物，桑頓的態度卻也道出十九世紀資產階級對自身成就的自滿。當代作家斯邁爾（Smiles）廣為流傳的作品《自助》（*Self-Help*），即有許多與桑頓先生一樣的想法。個人努力遠比他人協助更加重要，是這本書的中心思想，因此，「勤奮工作」仍是改善個人且對國家有所助益的最高準則。至於桑頓在故事前半部大力擁護工廠制度的態度，也可見於現實中的資產階級，就像尤爾（Ure）在一八三五年發表的《製造的哲學》（*The Philosophy of Manufacture*），便頌揚工廠制度的發展。他相信英國的繁榮來自工廠創造的大量財富，不僅讓每個工人的產能大幅提高，還能壓低生產成本。簡言之，尤爾斷言工廠制度就是進步的象徵。

對十九世紀的許多資產階級而言，只要努力工作，一切看來都將充滿希望，前途光明，畢竟他們就曾如此從社會底層往上爬。藉由桑頓的視野，《北與南》未曾否認這一點。但就像同一本小說所揭露的，許多工人其實連最基本的生活條件都沒有，更別說是對未來有所期望。在《北與南》的後半段，桑頓慢慢接受馬格莉特的建議，逐步改善工人的工作環境，並試著傾聽他們的想法。很明顯的，葛斯開藉由這本小說發表了自己對外來的期待：桑頓與瑪格莉特的愛情不僅是兩人之間的感情，也是兩種價值觀及生活經驗的調解。

工業化時代的生活（二）：無產階級的生活困境

工業革命改變了許多事情，好處如更廉價的大量商品，壞處則是更惡劣的工作、生活條件，對廣大的工人而言尤其如此。在工業革命早期，各國政府沒有馬上意識到隨之而來的嚴重社會問題，工人的工作條件大多由資方一手操控，只能被迫接受。《共產黨宣言》將工人形容成「機器的附屬品」，只能出賣勞力，做著單調貧乏的工作。下班之後，工人也未能從一天的勞累中徹底解脫，因為當時的城市環境擁擠混亂，真正的富人，更喜歡居住在風光明媚、可親近大自然的郊區。他人的生活困境引起越來越多人的注意，紛紛留下許多珍貴紀錄。

《共產黨宣言》的共同撰稿人恩格斯（Engels），曾在一八四〇年代到各地親訪工人的生活現狀，並於一八四五年發表《英國工人階級的生活》（*The Condition of the Working Class in England*）一書，記載工業化社會對工人帶來的種種不良影響。工業化對自然環境的破壞，以及低劣的居住環境，對工人既是剝奪，也是壓迫。他們幾乎生活在當時最糟糕的條件下，「真正令人髮指的是現代社會對待大批窮人的方法。給他們住的是潮濕的房產……給他們蓋的房子讓壞空氣無法流通，給他們穿的衣服是壞的、破爛的、不結實的，給他們吃的食物是壞的、摻假的和難消化的。……除了縱慾和酗酒，他們的一切享樂都被剝奪了，可是他們每天都在工作中筋疲力盡。」

恩格斯在接下來的段落提出一個相當嚴肅的質疑，「在這種情況下，這個最貧窮的階級怎麼能夠健康而長壽呢？」

除了像恩格斯那樣同情工人的個人外，各國政府也不得不開始正視此一社會問題。英國是最早以法律保障工人的國家之一，在一八三〇年代時，便著手調查工人的工作環境。根據當時的調查報告可知，有些不到十歲的幼童，每天就必須工作超過十個小時以上，最年幼者甚至只有五歲而已。長時間的重度勞動，讓這些處於發育階段的勞工接連出現「發育遲緩、肌肉鬆弛」、「長骨的末端扭曲，膝蓋踝關節等處的韌帶鬆弛」等嚴重傷害健康的後遺症。更遑論還有極其惡劣的生活環境。西元一八三三年，英國議會制定新法案，限制童工的工作時數及保障受教權，邁出現代國家改善工人困境的重要一步。

十九世紀當時的諸多調查報告顯示，工業化社會確實也將相當多的一批人拉入比以往都還要惡劣許多的環境，而且隨著工業化擴大，受影響人數只會越來越多。社會主義及共產主義就是在這樣的時空背景下成長茁壯，並提出自己的解決之道。激進者如共產主義，相信最後仍須藉由革命改變社會結構，而溫和者則組織政黨，敦促政府立法。

工業化時代的生活（三）：霍斯曼的改造巴黎計畫

人類大型都市之成長速度，在十九世紀的工業化時代遠勝往昔。一八五〇至一八八〇年間，柏林的人口就從原本的四十多萬成長三倍，逼近一百二十萬。人口有兩百五十萬以上的倫敦，新增至將近三百萬人。巴黎從原本的一百萬人，擴張至兩百三十萬人。直到第一次世界大前夕，如此驚人的成長速度只有增無減。城市化奠基在幾項重要發展，例如工業革命、商業拓展、政治機能增加、交通系統特別是鐵路的改善等。

十九世紀的城市生活不比往昔來的舒適。有許多記載證明，城市生活反而因為工業化更加惡劣，如恩格斯在《英國工人階級狀況》中提到，「他們（工人）被引誘到大城市來，在這裡，他們呼吸著比他們的故鄉——農村壞得多的空氣。……水也被剝奪了……而河水又弄得很髒，根本不能用來洗東西。他們被迫把所有的廢棄物如垃圾，把所有的髒水，甚至還常常把最令人作嘔的髒東西倒在街上，因為他們沒有任何別的辦法扔掉這些東西。」

社會小說家或畫家，也不斷在作品中留下他們所看到工業化城市：空氣及水汙染嚴重，遍布的煤塵讓整座城市看起來一片灰暗、死寂。

人口擁擠、交通混亂、城市景觀髒亂黑暗等，是許多十九世紀歐洲大城共同面臨的困境。在此之前，各國若不是任其自由發展，便是只推行過小規模的改造計畫，使城市問題有增無減。現代城市規畫便在此環境下孕育而生，其中又以霍斯曼（Hausmann）的改造巴黎計畫最為著名。

霍斯曼生於一八〇九年，在一八三一年進入政府部門工作，雖然沒有相關經驗，但他極有效率的做事方法，使拿破崙三世指定他為改造工程的負責人。肩負重擔的霍斯曼，大刀闊斧地改善城市交通動脈，拆除民宅、拓寬街道，畫出多條筆直的林蔭大道。這些新道路既穿越城市中心以解決交通問題，還向城市邊緣延伸，有效擴大巴黎的生活範圍，著名的香榭麗舍大道即為當時所建。同時規畫四通八達的水道系統，改善了對於城市發展攸關重要的基礎衛生條件。市容方面，他創設宏偉的廣場與公共建設，並以林蔭大道串連起來，統一規畫大道兩旁的公寓住宅，設置路燈，更加突顯其計畫兼具實用性與美觀性。霍斯曼的規畫使巴黎市容煥然一新，相當程度上滿足拿破崙三世的虛榮心。日後其他國家的城市規畫，也採用理念相同的手法，例如維也納的環城大道，或是羅馬郊區的擴張計畫，以及日本在台北的城市建設。

十九世紀的城市建設，如果能改善工人及窮困人家的生活條件，多半是因為這些計畫帶來的附加價值，改善他們的生活不會是首要目標。拆遷過程也不見得如今日溫和，且要求合法公正。但這些改造工程確實緩解了當代城市發展面臨的問題，當都市化已經是人類世界難以逆轉的趨勢時，相關的經驗都將在未來不斷發揮作用。

《共產黨宣言》：馬克思共產思想的理念雛型

《共產黨宣言》的出版年分就是歐洲各地爆發革命的一八四八年，其內容剛好也與當時的氛圍相呼應，不過兩者之間並沒有直接因果關係。當年馬克思在外流亡期間加入共產黨，一八四七年時，組織內需要一份能闡述共產主義及共產黨訴求的公開文件。於是由恩格斯提供論述方向的草稿，再由馬克思增補相關內容，最後的成果就是後來的《共產黨宣言》。宣言公開後，並沒有馬上獲得廣大重視，一直要到十九世紀末葉至二十世紀初，甚至是俄國共產黨獲得國家政權後，這份文件受矚目的程度才隨之增加，並翻譯成多國語言。

除了前言，《共產黨宣言》分為以下幾個章節：布爾喬亞（Bourgeoisie，意同於資產階級）與普勞分子（Proletariat，意同於無產階級）、普勞分子和共產黨人、社會主義的和共產主義的論述、共產黨人回應諸多反對黨的態度。

第一章集中討論何謂布爾喬亞、普勞分子，以及雙方不可避免的階級對立關係。布爾喬亞以新經濟模式（工、商業及全球化世界）獲取財富，進一步掌握政治權利，在此過程中也誕生了出賣勞力為生的普勞份子。「他們不僅是布爾喬亞階級的、布爾喬亞國家的奴隸，還每日每時受到機器、監工的奴役，尤其是各個經營工廠的布爾喬亞成員的奴役。」接下來，宣言預測普勞階級將會團結起來，改善他們的處境，並終結布爾喬亞社會。分析共產黨在未來將扮演的角色，是《共產黨宣言》的另一項重點。宣言強調共產黨是最理解普勞大眾，並協助他們推翻布爾喬亞社會的組織。具體來講，共產黨想創建的是一個不再剝削個人勞力，又能使社會向前發展的新社會結構。同樣以協助無產階級為訴求的組織，《共產黨宣言》也不得不比較出共產黨與其他社會主義派別的差別，認為後者如不是過於保守，就是不切實際。根據以上三個章節，《共產黨宣言》在最後宣布，共產黨的工作就是要凝聚無產階級的意識，改善他們的生活，為了達成這項目標，「暴力革命」將是唯一手段。

《共產黨宣言》作為一份闡述共產主義的綱領性文件，在許多方面都是日後發展的重要先例。例如布爾喬亞的興起及其所創造的經濟體系，或是工人與勞力之關聯，就成了馬克思《資本論》（*Das Kapital*）的核心議題。日後各國的共產黨接受宣言所言，一直堅信自己是無產階級的領導者，列寧領導的共產黨，便將此一信念發揮到極致。宣言裡的唯物史觀及階級概念，更啟發眾多學者以不同於以往的角度觀察人類社會。無論是否認同共產主義，《共產黨宣言》將在人類歷史上佔有一席之地。

《論自由》：民主體制下的自由精神

無論古希臘、羅馬曾實施何種模式的民主，現代民主制度主要是從十八世紀晚期才開始發展。潘恩在《人權論》中，將君主制視為與民主制相互對立的體制，他認為後者才擁有避免個人獨裁，政府為公共利益著想的優越性。換言之，他對自由平等的期待，寄託在實施民主體制上，以人民意志組成的政府才是最理想狀態。雖然激進，潘恩的論調也代表了自由主義在早期發展階段的重點：探討政府（當權者）與個人自由的關係。無論他們接受哪種體制，自由主義的支持者總能找到屬於自己的論述脈絡。

十九世紀的自由主義不僅關心政府與個人自由的關係，也開始分析社會結構對個人自由的影響，米爾（Mill）於一八五九年出版的《論自由》（*On Liberty*）是當時最重要的作品之一，其內容在民主制已廣為盛行的今天更具啟發性。米爾生於一八〇六年，父親詹姆士．米爾（James Mill）是當代著名學者，他的自由主義及功利主義傾向對米爾有深遠影響。米爾自幼接受相當豐富的教育，長大後更積極閱讀各式書籍，逐漸形塑出他的自由觀。

《論自由》探討的是個人自由與公共意見（喜好）的關係。米爾在一開始也討論到傳統上自由主義者與當權者的對抗，接下來轉而提到，隨著民主制的盛行，反而出現了「多數者的專制」（tyranny of the majority），不以政治力量壓迫個人自由，而是以多數決的力量消滅每個人的差異性，創造一個統一性的社會。為了避面社會過於單一化，米爾在前言先歸納出三個相當重要的自由：思考與感情的自由，喜好與興趣的自由，結社的自由。對於上述三種自由的界限，他帶有功利主義的精神強調，只要不對社會、他人自由造成壞處皆應接受。保障多元觀點的必要性建立在對社會有益的考量上。例如之所以要保障言論自由，在於其內容無論是非對錯，經過討論後，或許能從中得到正確道理，即便全盤錯誤，也能學到一些教訓。他強調，尊重多元性將是歐洲社會極為重要的一部分，如此才能避免走上像中國那樣，透過教育、政治塑造出單一性思維社會。

在自由主義盛行，民主制也廣為流傳的今天，米爾的自由觀仍是一種有待努力的理想狀態。他所提到的言論、喜好及集會自由，即便是在民主制之下也不見得能受尊重或容忍。米爾的著作更是在提醒後人，民主制絕不等同於對自由的完全尊重。在追求自由的道路上，除了民主，還有許多應當考量的標準。

從啟蒙到浪漫主義：回應社會變化的藝術風格

在十八世紀的啟蒙時代，就已見到浪漫主義開始發展的跡象。凡爾賽宮的花園是啟蒙時代的經典之作，複雜的幾何圖案反映出當時對精密、理性計算的推崇。與此同時，英國及日耳曼部分國家，也在研究「師法自然」的園林設計。這類園林利用彎曲道路，或假山密林試圖呈現大自然的多元樣貌，並從中國傳統園林獲取大量靈感。對自然的重視不只反映在園林設計，也包括對人的看法。盧梭的教育哲學書籍《愛彌兒》（*Émile: ou De l'éducation*）認為，在自然中長大的小孩，才能更順利、自發性地啟發心中美德。日後對理性主義的省思，或是對人類情感的重視不斷增加，造就了內容相當豐富的浪漫主義藝術。

要定義浪漫主義並不容易，因為在眾多參與者中，沒有一條一以貫之的信念將他們結合在一起。某一類浪漫主義者偏向保守右派，對於許多現代事物的發展常投以不信任眼光，腦中緬懷美好的過往時光，例如夏多布里昂（Chateaubriand）。他在一七六八年生於法國，一生著述甚多，於一八〇二年完成的《基督教真諦》（*The Genius of Christianity*）是重要代表作，在當時廣受各保守派人士的注意。他頌揚的不再是理性，而是歷史久遠，甚至帶點神祕色彩的宗教信仰，「如果你進入哥特式教堂，肯定會感到某種敬畏以及對上帝的模糊情感。你馬上就會被帶到那樣的時代，……古代法國似乎一起復活了，……看到了與現在完全不同的整個國家；……年代越遠則越是充滿魔力，越能激起已經隨著人類空虛和生活快速的畫面消失的觀念……」

質疑理性、進步，構成了浪漫主義極為重要的一部分。

另一派的浪漫主義者，則是以強烈的情感擁抱世界的轉變，例如畫家德拉克洛瓦（Delacroix）在一八三〇年公開的作品《七月二十八日：自由領導人民》（*The 28th July: Liberty Leading the People*）。這幅畫是為了紀念當年發生在法國的革命，正中央是袒露上半身、擬人化的「自由」，右手拿著大革命時期出現的三色旗，號召跟隨者一同向前。在她身後的人群中，有頭戴高禮帽的資產階級，也有穿著隨性的一般民眾，象徵著全法國人民對自由的共同渴望。德拉克洛瓦透過這幅畫，描述出他的個人感受，期待眾人將團結在一起尋求進步。

無論浪漫主義者的作品反映哪些情感，他們都對自己所處的時代有相當深刻的反思。特別是當政治意識形態所激發的情緒更加濃厚時，許多藝術作品往往也變得更具創作者的個人情感。透過浪漫主義者的眼光，後人也可從另一個角度觀看十九世紀歐洲，在保守、自由及民族主義的相互競爭下，所散發出來的時代氛圍。

第五章

近現代民族國家與帝國主義

除了自由主義，「民族主義」是法國大革命留下的另一重要遺產。國家不再只是某個貴族家族統治下的領地，而是由眾多效忠於國家的人民所組成的政治單位。更有不少人開始相信，組成國家的人民即享有共同的文化、血緣，或其他可供辨識的條件，此即為民族。假使一個民族未能形成屬於自己的國家，便必須起身反抗，自由的理念不只在於個人，也包括民族的獨立地位。

對獨立民族國家的渴望，也是十九世紀歐洲相當重要的意識形態。在一八四八年的革命中，處處可見以民族主義為號召的行動，日耳曼及奧地利帝國境內尤其明顯。當年的民族運動一直要到一八六〇年代之後才取得具體成果，德國與義大利的出現是最重要的發展。東歐的民族獨立運動也相當盛行，繼希臘之後，巴爾幹半島相繼出現塞爾維亞、羅馬尼亞、保加利亞等新興國家。而奧地利被迫給匈牙利人更大自治權，國家轉型成雙元帝國。

有鑑於民族主義的強大力量，各國統治者將其視為鞏固政權，甚至向外擴張的武器。德、義在建國過程中，就曾併吞鄰國領地，建國後，轉而向世界各地尋求拓展殖民地、勢力範圍的機會，參與英、法、俄正在進行中的擴張帝國競賽。因為經濟及技術上的優勢條件，十九世紀的歐洲快速向海外擴張，幾乎整個亞、非洲都在其控制之下。在這兩大洲內，受侵略的國家有的接受西化也有的抵抗。位於東亞的海島國家日本決定全面西化，不僅打敗在過去數世紀一直佔上風的中國，更阻止歐陸大國俄羅斯在東亞的擴張，成為唯一一個有能力向外殖民的亞洲國家。

歐洲各國的擴張不可避免地帶來外交糾紛。戰爭依然是解決糾紛的手段，但他們也願意用會談協商的方式化解歧見，例如巴爾幹半島的局勢，以及非洲大陸殖民地的畫分。在拿破崙時代之後，歐洲大陸就未曾爆發大規模的長時間作戰，但各國的競爭讓此一可能性與日俱增。他們莫不在歐洲大陸上尋找可能的盟友，以此威嚇潛在敵人，使之不敢輕啟戰端。長年的外交往來，最後形成了德、奧、義同盟與英、法、俄協約集團。西元一九一四年，困擾巴爾幹半島許久各民族爭議，一同將這歐洲兩大集團帶向前所未見的世界大戰。

民族主義：近現代歐洲的重要理念

民族主義是影響近現代歐洲，甚至是全世的重要意識形態。民族主義起源於法國大革命時期。在當時的環境背景下，國家與人民開始畫上等號，對國家的認同形塑一股相當團結的戰鬥意識，使法軍屢屢擊退外敵。法軍在歐洲各地的勝利也在散布民族主義概念，例如普魯士面對所向披靡的法軍遭遇慘敗，許多人開始宣揚民族愛與國家愛，要求當政者推行改革以重振國家。以往王朝與王朝之間相互競爭，漸漸轉變成國家與國家間各層面的對抗，催生更具體激動的民族概念。

持平而論，所謂的「民族」很難有一個十足明確的定義，語言、文化、公民權、血統等，都是許多人考慮過的定義。以語言為例，因為兼具實用性與象徵性，可說是最受歡迎的標準。今日所謂的法語、德語、義大利語等，都曾經只是該國眾多地方語言之一。當年創建民族國家的民族主義者，也相當熱中於塑造使用統一語言的民族，因此有了「使用標準國語」的文化政策。學校、政府機關等，軟硬兼施地宣傳使用國語的好處及必要性，使許多原來不以此為母語的人開始使用。語言同化政策一直是政府控制被統治者常用的手法，雖然今日世界已越來越質疑所謂的民族是否真與語言的統一性相關，但類似的論述邏輯仍在世界各地時有所聞。

無論民族的定義為何，在十九世紀上半葉，民族主義常與自由主義畫上等號。一八四八年的革命浪潮中，許多民族主義者心中的理想國度，不僅是由單一民族組成，還必須採用憲政體制、共和體制。從當時的環境背景來看，在「反對以維也納會議為首的保守主義」此一共同目標上，使他們得以形成盟友，而這股聯合力量確實也曾給保守主義不小壓力。例如保守陣營的重要人物梅特涅，就因為一八四八年的革命被迫流亡國外，奧地利境內的匈牙利人差點獲得自治權與屬於自己的憲法。

一八四八年的革命後，民族主義持續運作，並且不斷改變歐洲的政治版圖，當年的失敗看來只是暫時性的過程。在歐陸西半部，小國減少，結合出德、義兩大新國家。而在東歐，土耳其帝國於巴爾幹半島的勢力大幅減弱，誕生如塞爾維亞、羅馬尼亞等新興國家。雖然距離獨立還需要一段時間，民族主義也在西方控制下的亞非兩洲成長。

在十九世紀晚期，民族主義更成了各國統治者穩定政權的基礎。他們強調為了國家、民族，有必要強化與別國之間的競爭。曾一度有左派革命色彩的民族主義在許多國家逐漸右傾，投身於保守陣營中，催生兩次世界大戰的爆發。

一八七一年德義統一：歐洲民族運動的成果

德義兩國的統一，相當程度上改變了自維也納會議以來的歐洲版圖。德意志與義大利在過去相當長的一段時間內，都只是一個地理名詞，諸多小國散布其中，從未形成像英、法、西等，長久穩定的統一國家。民族主義的流行，讓不少人希望能將這兩個「地區」統合為一個「國家」。

薩丁尼亞王國是統一義大利的主要政權。該國在拿破崙戰爭後，成為義大利地區最主要的獨立國家之一。分散在義大利各處的大小公國、侯國，則是在奧地利的勢力範圍內。南義大利依然由波旁家族統治下的兩西西里王國控制。為了統一義大利，必須先將奧地利勢力趕出整個半島，而這也是一八四八年的民族主義者無法失達成的目標。在一八五二年，薩丁尼亞的國王維克托·伊曼紐爾（Victor Emmanuel）指定加富爾（Cavour）為首相。他先是與法國結盟，利用法、奧之間長久以來的緊張關係，在一八五九年的戰爭中，借助法軍力量，取代奧地利成為義大利北、中部的統治者。該如何統一南義大利反倒是較為棘手的問題，因為在同一年，同為民族主義者與共和主義者的加里波底（Garibaldi），趁機帶著他的軍隊征服南義大利。如果雙方在國家未來政體上僵持不下，統一義大利的大好機會可能會因而流失。最後對統一義大利的熱愛高於共和體制，南義地區加入薩丁尼亞王國。幾乎統一全義大利半島的薩丁尼亞王國，接著利用各個機會征服義大利其他地方，最後就在一八七一年掌控極富歷史象徵意義的古城羅馬，將首都遷至此地，義大利在費時多年後完成統一。

在日耳曼地方，則由普魯士王國主導德國的統一運動。西元一八六二年，俾斯麥被任命為普魯士首相，他也因此有機會創建一個將奧地利排除在外，由普魯士主導的統一國家。他在一八六六年的戰爭迅速打敗奧地利，解散拿破崙戰爭後成立的德意志邦聯（German Confederation），另組以普魯士為首的北德意志邦聯（North German Confederation）。一八七〇年，俾斯麥以外交手段誘使法國主動宣戰，法軍節節敗退，普魯士國王在凡爾賽宮接受眾人歡呼加冕為帝，南日耳曼各盟友國同時在場宣示效忠，分而治之數世紀的日耳曼地區，終於統合在名為德意志帝國的單一政權下。

德國與義大利的統一是民族主義在歐洲的一大重要遺產，改變了長久以來人們對這兩個地區的認識及當代國際秩序。國家統一之後，民族主義依然是凝聚國民認同感的工具，支持這兩個新興國家繼續向外擴張，期望變成難以撼動的世界強權。

奧匈帝國與巴爾幹半島：東歐的民族問題

因為民族主義，十九世紀的東歐局勢相當混亂複雜，更是造成了第一次世界大戰的直接起因。十六世紀的哈布斯堡家族藉著各種聯姻、戰爭、外交手段，將領地從原本的奧地利一帶，擴及到現今的西班牙、義大利、荷蘭、德國、捷克境內。日後因哈布斯堡分家，奧地利分支的領地集中在日耳曼、義大利一帶。西元一六八三年，席捲整個巴爾幹半島的土耳其帝國圍攻維也納，有賴各國援軍支持，奧地利才得以擊敗土耳其。因為此役，奧地利的治國重心逐漸轉往東歐，直到拿破崙時代，奧地利已統至全匈牙利，在東歐地區建立一個龐大帝國。如此背景因素，使十九世紀的奧地利存在相當複雜的民族問題。

從一八四八年的革命就可看出，奧地利的歷史發展成了最大統治包袱，民族主義引起的動亂只能暫時壓制住，從未完全消失。在十九世紀當時，奧地利帝國境內的民族至少超過八個，其中又以日耳曼人、匈牙利人、斯拉夫人為大宗。多元民族的問題因為居住地交錯而更加複雜，如匈牙利境內就存在為數不少的日耳曼人及斯拉夫人。

西元一八六七年，奧地利因接連在義、德戰爭中戰敗，造成政府威信下降，為了穩定政局，奧地利政府決定讓與匈牙利人更多自治權。國家改制成兩套政府體系，但同為一個統治者的雙元帝國，除了外交、財政等最核心的國家權限外，匈牙利幾乎成為獨立國家。這一政策雖滿足匈牙利人，卻也激起其他民族的不滿，迫使奧地利政府只得用更強硬的手段管理國家，並積極向東歐擴張，彰顯權威。奧地利的民族問題因為大膽深入巴爾半半島更加混亂。

十九世紀的俄羅斯宣揚的是斯拉夫民族主義，一直想趁著土耳其帝國衰退時進入巴爾幹半島，克里米亞戰爭就是英、法不希望俄國在當地大幅擴張而引爆的衝突。繼希臘後，羅馬尼亞、塞爾維亞、保加利亞紛紛從土耳其的統治下獨立，俄、奧、英等國不斷介入此地運作，希望為自己謀求最大利益，因而十九世紀的巴爾幹半島是歐洲最動盪不安的地區之一。直至一次大戰前夕，巴爾幹半島上的各國轉而向彼此宣戰，以爭奪尚有爭議的領地，例如位於希臘、塞爾維亞與保加利亞之間的馬其頓地區。在這波衝突中，奧地利和塞爾維亞立場對立，處處妨礙其建立「大賽爾維亞」的理想，併吞該國認定的領地波士尼亞（Bosnia）。在一九一四年，複雜的東歐民族問題使一位塞爾維亞民族主義者，刺殺奧地利皇儲。奧、塞之間的強硬態度，最終導致第一次世界大戰。

瓜分亞非大陸：歐洲殖民地的擴張

十九世紀是歐洲國勢最強盛輝煌的年代，經濟水平和工業生產技術不斷進步，這使得歐洲有了積極向外拓展的優勢條件。當時的亞非大陸各地區幾乎都在西方各國的控制下，僅有少數地方尚能維持獨立。

近現代歐洲積極向海外拓展殖民地的歷史源自於十五、十六世紀左右，大片美洲土地，以及亞非的部分重要地區都是成為目標。早期的拓展活動多侷限在一些重要據點或海岸地帶。不過隨著鐵路、蒸汽船、電報及各新式武器的出現，加上越來越狂熱的殖民心態，激發各國更往內陸發展，在一個大範圍的區域建立統治，一八八〇年後更是如此。而所謂的殖民地，狹義來講指涉大量殖民者開拓的生活圈，這在十九世紀已是相對稀少的狀況。廣義上而言，基於稱呼方便，殖民地也用來指涉西方勢力之下的自治領地、勢力範圍、保護國等。

英國是十九世紀拓展殖民地最成功的國家。延續上一個世紀在印度的經營，英國以東印度公司為代理人，繼續深入對當地的控制。在一八五〇年代後，正式解散東印度公司，英國政府直接統治印度。因為印度大陸曾經分為數十個半獨立、自治的地區，英國的統治方式也不盡相同，有些地區為殖民地，有些則是保護國或勢力範圍。除了印度，英國的勢力也深入伊斯蘭世界，例如十九世紀的埃及在名義上是土耳其帝國的一部分，卻在英國的強力控制下。而印度和埃及串連起來的區域，使英國在印度洋、南亞地區佔盡地利優勢。英國也未曾忘記富饒的中國，到了十九世紀，終於在印度開發出大量中國人願意購買的商品：鴉片。除了販賣鴉片，英國還以各種手段在中國擴大貿易市場，建立自己的勢力範圍。此例一開，法、德、俄、日等國，也紛紛藉機在中國拓展勢力範圍，致使中國的主權雖大致上保持完整，但一直處於相當不平等的國際地位。

非洲也是十九世紀歐洲列強積極進入的地區。歐洲佔領非洲早從十五世紀就已開始，在此建立促進海上貿易的重要據點。十九世紀起，西方更深入非洲內陸，甚至攻佔缺乏經濟效益的地區。除英國擁有埃及、全尼羅河流域及南非外，法國是非洲的最大佔領國。法國先是在一八三〇年代從土耳其帝國手中取得北非的阿爾及利亞，隨後控制包括撒哈拉沙漠在內大片的西非地區。而非洲其他地方，則散布著義大利、比利時、德國、葡萄牙等國的殖民地。

至第一次世界大戰前夕，亞非大陸如果還有地區尚未被西方佔領，多半是因為歐洲各國在界線分配上尚未有共識，或是希望當作彼此之間的緩衝地。只有極少數地方由於成功擊退西方勢力而保持獨立，例如明治維新後的日本。

一八七八與一八八四年柏林會議：歐洲列強確認勢力範圍

歐洲各國的擴張不可避免地帶來衝突。早在十八世紀時，歐洲發生的戰爭總會牽涉到海外殖民地的割讓，這些領地的經濟效應有時也是參與戰爭與否的考量因素。海外殖民地的競爭在十九世紀不僅依然存在，還因各國更積極於對外擴張而加劇。像是十九世紀的俄羅斯趁著中國貧弱不振，試圖在中國東北建立勢力範圍。俄羅斯的擴張引來日本的戒備，最終導致了日俄戰爭，因此出現交戰兩國在第三方中立國領地內作戰的怪異景象。除了往東拓展，俄羅斯也積極向南進入中亞，英國擔憂此舉將威脅到他們在南亞的勢力範圍，因而兩國之間在當地維持了相當長一段時間的戰略競爭。

歐洲列強的競爭不全然是用武力方式解決，許多時候，為了避免失控而引發戰爭，他們也會採用協商方式化解爭議，一八七八年及一八八四年的柏林會議就是當時的嘗試。

一八七八年的柏林會議與巴爾幹半島問題密切相關。俄羅斯在克里米亞戰爭受挫後，於當年再起戰端。這一次俄羅斯大勝土耳其帝國，與對方簽訂《聖史丹芬條約》（Treaty of San Stefano）。根據條約內容，俄羅斯如願以償地大幅擴張在巴爾幹半島的勢力。與俄羅斯有直接利害衝突的奧地利及英國皆不樂見此一發展，為了獲得他們的支持，德國利用來自英、奧的外交壓力，迫使俄羅斯在柏林協商新的處置方式。俄羅斯雖為戰勝國，卻只能得到原先預期的一小部分，而奧地利和英國單純透過協商就獲得新領地。巴爾幹半島的局勢，繼續以勢力均等為原則延續下去。

一八八四年的柏林會議則是為了解決非洲問題。剛果河盆地的探勘在一八七〇年代結束，當地肥沃的土地及天然資源著實引起不少國家的注意，雖然比利時最先佔領，不過各國在非洲的競爭，使剛果河盆地的開發問題成為國際議題。為了避免衝突擴大，歐洲各國在柏林召開另一次會議，各國承認比利時擁有剛果河盆地，不過在當地的投資權益一律開放、平等。這場會議也討論到瓜分非洲的「規則」，強調僅在「有效統治」的前提下，才能對某地宣稱擁有權，並且不得任意宣稱某一海岸為該國獨有。此一會議之後，加速歐洲各國在非洲的殖民擴張。

雖然這兩次會議降低歐洲各國以武力解決衝突的可能性，但還有許多問題尚未解決。例如巴爾幹半島上的諸國，都難以滿足柏林會議的決議；而德國想建立強大國家的企圖，也直接與英、法利益有所牴觸。當各國的外交關係因複雜的國際局勢環環相扣時，即使各國統治者心有疑慮，也不得不走上以戰爭解決衝突的道路，迎來他們先前難以想像的世界大戰。

明治維新後的日本：唯一邁入世界列強的亞洲國家

十九世紀歐洲列強在亞非大陸所向披靡，印度、中國等古老文化區，面對來勢洶洶的西方軍隊雖力圖振作，卻以失敗收場。與此相比，日本的崛起更讓許多西方國家大為驚豔。在十九世紀中葉，美國軍艦迫使德川幕府統治下的日本結束鎖國政策，開港通商。以此為起點，日本開始與現代世界有了直接接觸。開港之後應該採取什麼樣的國家政策，在接下來的十餘年間成了日本國內爭吵不休的政治話題。西元一八六八年，支持天皇的勢力佔上風，明治天皇親政，終結在日本實施好幾個世紀的幕府體制，帶領日本邁向明治維新的方向發展。

明治維新是一場由日本統治階級發起，從上而下的國家改革，意在仿效西方文明的物質、文化，更有人喊出「脫亞入歐」的口號。在國家制度上，他們學習西方，特別是德意志帝國，設立一個賦予天皇有莫大權利的憲法。天皇之下則創設議會制度，並嚴格限制投票權，全國人口中只有極少數人擁有投票權。以天皇為中心，大幅強化中央政府的職權、提高行政效能，廢除武士制度，將日本國土融為一體。經濟上，日本也努力引進西方工業技術與制度，常見的紡織廠與冶金廠漸漸改變日本的經濟樣貌。就像許多試圖西化的國家，軍事力量也是明治維新的重點項目，海軍方面師法英國，陸軍方面則藉重德國經驗。如此劇烈的轉變在當時也曾面臨傳統文化支持者的抵抗，但日本的核心統治集團在西化路線上態度強硬，一一壓制反對意見。

西元一八九五年中日甲午戰爭，出乎不少西方國家預料，日本擊敗同樣推行西化運動已久的中國，獲得第一個殖民地台灣，證明了亞洲國家也有邁向殖民列強的潛力。雖然一開始曾爭論過，日本最後仍決定保留台灣，並努力建設以向西方列強展現日本的國力。更讓西方國家驚訝的是一九〇四至一九〇五年的日俄戰爭。這場戰爭起因於日俄在中國東北長久以來的利益衝突。俄羅斯的工業、軍事技術在歐洲雖稱不上是最先進國，仍是令人望而生畏的歐洲大國。小於俄國數十倍的日本順利打敗俄國，特別是對馬海峽海戰，大勝俄羅斯海軍，使中國東北畫分在日本勢力範圍內。經由此一戰爭，日本再次展現了不輸給歐洲國家的強大國力，曾施加在日本身上的不平等條約一一廢除。

在十九世紀亞洲諸國的發展中，日本崛起是相當顯著的特例。宣告亞洲地區不再完全由西方國家主宰，西化過後的日本未來將和他們競爭，試圖主導亞洲局勢。

第一次世界大戰前夕：歐洲列強的明爭暗鬥

法國在一八七一年的普法戰爭中慘敗，不僅顏面盡失還割讓資源豐富的亞爾薩斯洛林省，日後德國的強大更加深法國的憂慮。事實上德國首相俾斯麥也知道法國的敵意，為了避免地處歐洲中心的德國陷入兩面作戰的困境，他總是小心翼翼地維繫與俄國、英國的關係，外交策略保守且溫和。整體來看俾斯麥的外交工作相當成功，雖然德國的立場傾向奧地利，但總能獲得俄國願意在戰時保持中立的承諾，英國也不願意明白表示反對德國。

西元一八八〇年，德皇威廉二世（William II）繼位，他認為俾斯麥的外交策略過於溫和，在一八九〇年將他逼退，帶領德國走向積極擴張的外交策略。為了強化與奧地利的同盟，德國開始疏離俄羅斯，使後者轉而與法國友好。英國的態度也逐漸走向反德陣營。長久以來英國一直是首屈一指的海權國家，藉強大海軍統治龐大領地。德國在二十世紀初大肆擴建海軍，爭奪殖民地，不諱言地表示他們的假想敵就是英國。英國發展海軍已有久遠歷史，德國短時間內當然不可能迎頭趕上，但各方面的快速發展及公開敵意，也讓英德關係漸行漸遠。當俄國在東亞的擴張因日本而受阻時，英國放下最後一個顧慮，在一九〇七年，與法、俄組成協約陣營，承諾在受攻擊時提供彼此援助。直到此時，第一次世界大戰的兩大陣營正式形成，同盟的德、奧夾在英、法、俄中間，俾斯麥當年最想避面的困境最終還是發生。即便分成兩大陣營，雙方仍相當克制地使用武力，直到發生塞拉耶佛（Sarajevo）事件。

一九一四年，奧地利的斐迪南（Franz Ferdinand）大公在塞拉耶佛被刺殺後，向凶手的國家塞爾維亞要求許多不合理條件，意在發動一場小型戰爭，可轉移國內不滿，並進一步拓展勢力。俄羅斯基於同樣理由，決定全面動員，支持塞爾維亞。繼俄羅斯之後，德國也決定動員兵力投入戰爭。為了避免兩面作戰，德國決定先發制人主動向法宣戰，原先觀望的英國不久後也加入戰爭。從斐迪南被刺殺後的一個月內，原先用來維持勢力平衡的同盟關係，反而將歐洲各主要國家拉入世界大戰的泥淖之中。

在第一次世界大戰前夕，歐洲各國並不畏懼戰爭。他們心中所想的只是幾週內就能解決的地方性戰爭，畢竟在過去一個世紀都是如此，全面性大戰並未在他們的計畫中。過了幾個月後，各國人民才發現他們原先所想的太過樂觀。

歷史這樣看

民族國家：同胞愛與國家進步

現代民族主義的概念起源於大革命時期的法國。當人民等同於國家後，更容易凝聚眾人意志，號召他們挺身而出，保衛國家。後來的民族主義者進一步將這些概念擴大，形塑出更具煽動性的民族主義，並定調「一個民族，一個國家」的基本概念。

義大利統一運動的重要人物馬志尼（Mazinni），就將大革命時期發展出來的概念，當作建構民族主義的基本素材。他在一八六〇年完成了《人的職責》（*Doveri dell'uomo*），強調「同胞愛」乃是身為人類的必備條件，有能力之人如果不將他人從痛苦中解放，就踐踏了自己身為人的「生命法則」。他以此認定解救其他受壓迫的同胞有其必要性，並將他們結合起來，依賴上帝所畫分的自然邊界，創造屬於自己的民族國家，喊出「歐洲的地圖將要重新繪製」、「啊，我的弟兄們，熱愛你們的國家」等呼聲。馬志尼的想法絕非當時所獨有，義大利統一運動的民族主義團體義大利國族社（Italian National Society）在一八五八年公布的政治宣言，同樣強調義大利人民必須擺脫外來壓迫，團結在一起。如此才能解決各種阻礙，徹底發揮義大利的既有豐富資源與天然條件，創建一個偉大的國家。

值得注意的是，在馬志尼的理想狀態中，民族國家的統一不僅有利於國內同胞，也能促進國與國之間的和平交流。在他的概念裡，對全人類的愛也是至關重要的事情。不過十九世紀歐洲的歷史發展證明，馬志尼的想法只是一種理想。後來的民族主義之發展越來越重視與他國，他民族的競爭。這種競爭已經不單單只是解放受壓迫的同胞，還包括打擊他者強化自己。

十九世紀德國柏林大學的歷史家特賴奇克（Treitschke），就是激進民族主義的代表人物。他相信「民族統一」與「國家進步」，不可避免地造就國家間的競爭態勢，而發動戰爭即是追求進步的手段之一，鄙視永久保持和平的想法，對於猶太人、英國人他都沒有好感，將日耳曼人視為最偉大的民族。一八七〇年普法關係日漸緊繃，在當時完成的《我們該從法國要求什麼？》（*What we demand from France*）如此斷定日耳曼民族的未來，「基於正義，日耳曼民族應該打擊法國，……每個國家都必須自己尋找確保自身安全的保障。」具體來講，他的要求便是從法國手中取得位於邊界的亞爾薩斯洛林省。

西元一八七一年的普法戰爭不僅使德國統一，也獲得了特賴奇克相當重視的亞爾薩斯洛林省。德國的民族主義在俾斯麥控制下，曾相當穩定地度過一段時間，當他下台後卻如脫韁野馬般，將德國帶向積極向外拓展的外交道路。不只德國，歐洲許多國家都有類似發展。民族主義確實重畫了歐洲版圖，不過在短時間內，卻未帶來馬志尼所樂見的大同世界。

俾斯麥與德國：歐陸新強權

霍亨索倫（Hohenzollern）家族統治下的布蘭登堡侯國，與德國的統一密切相關。該侯國的歷代統治者從十七世紀起不斷擴大領地，將國家地位從侯國轉變為普魯士王國。在拿破崙戰爭前夕，普魯士已是日耳曼境內可與奧地利分庭抗禮的強國。拿破崙戰爭後，普魯士王國進一步拓展領地，許多日耳曼民族主義者將之視為統一日耳曼的不二人選。果然最後在俾斯麥的主導下，普魯士順利統一日耳曼。

俾斯麥在一八一五年出身於普魯士的地方貴族家庭，但他成年後不甘只是個鄉村仕紳，投入政壇，從地方議員轉戰外交官，最後成為普魯士首相。一八六二年時，普王因為軍費和兵役問題與議會僵持不下，俾斯麥的強勢作風使國王決定任命他為首相。上台不久後，先是發表相當著名的演說，宣示普魯士擴張軍備的必要性，「日耳曼依賴的不是普魯士的自由主義，而是力量。巴伐利亞、符騰堡、巴登身陷自由主義，因此沒有人會將普魯士扮演的角色託付於給他們。為了大好機會，普魯士必須集中他的力量，而這正是先前好幾次已錯失過的。」俾斯麥所謂的大好機會，意指統一日耳曼的時刻。他接著說現有的邊界無法帶來良好發展，要改善現況，就必須訴諸「鐵與血」（Iron and Blood），也就是戰爭。縱使這次演說引起不小反彈聲浪，俾斯麥藉由各種手段增加軍費，擴大普魯士的軍備。從這次的事件至少可看出他的幾個重要治國方向，第一，德國的統一必須由普魯士領導。第二，他並不信任挑戰中央權力或君主制的思想，演說裡雖只提及自由主義，但這份名單未來還將加上天主教與共產（社會）主義。第三，在德意志的統一問題上，戰爭是不可免的手段。

經歷一八六二年至一八七一年間的大小戰爭後，俾斯麥順利以普魯士為中心統一德國。德國雖有議會、憲法，但主要實權仍由皇帝與首相掌握。不只如此，他們還盡可能地壓制其他反對勢力，不容國家權力遭受挑戰。為了反制共產主義，俾斯麥通過一系列福利法案，宣示如果要解決社會問題，也必須由國家一手主導。德國在工業、經濟能迅速進展，很大一部分也得利於國家力量的介入。總體而言，俾斯麥的治國策略得到實際成效，統一後的德國在各方面快速進步。

十九世紀的歐洲局勢不以德國為中心發展，但德國的出現，確實是當時的一項重要大事。曾經分散的各大小邦國如今統合在單一政府組織之下，影響力的巨大就連俄、法、英等歐洲主要國家也不得不多加注意。在接下來的歷史發展中，德國將不斷扮演重要角色，一直到二戰之後仍是如此。

帝國主義：經濟需求與民族主義的結合

積極向外擴張的帝國主義，是十九世紀歐洲的外交主調。因為先進的技術，他們能夠順利創造龐大帝國，例如新式武器、交通通訊器材或醫療用品等，都是歐洲列強不斷往各地內陸擴張的絕佳後盾。除了物質上的進步，同等重要的因素還包括心態上的轉變。技術與動機，共同造就歐洲最有影響力的年代。

十九世紀帝國主義與「經濟需求」脫離不了關係。以經濟因素解釋帝國主義的做法，最早從共產主義者如列寧開始。後來的史家雖不見得認同他的分析，卻也承認從經濟的角度出發確實有其合理性。深受共產主義影響的史家霍布斯邦，就曾在《帝國的年代》（*The Age of Empire*）中，以此探討帝國主義的發展脈絡。他相當明確地指出縱使經濟需求不是唯一因素，卻也是至關重要的動機，「歷史學家所要重建的第一件明顯事實，也是一八九〇年代沒有人會否認的事實，亦即：瓜分世界有其經濟上的重要性。……十九世紀最主要的事實之一便是單一全球經濟的創建，這個經濟一步步進入世界最偏遠角落。

根據他隨後的解釋，對「工業原料」及「市場」的需求共同構成帝國擴張的基礎。如東南亞能生產橡膠，非洲有豐富礦藏如黃金、鑽石。創造出大量工業產品後，不斷擴張的殖民地提供他們持續成長的市場，特別是「保護主義」越來越盛行時，自己的市場益發重要。

有另一群史家認為民族主義、國家榮耀反而是至關重要的因素。歷史學界最早開始研究民族主義的史家之一海斯（Hayes），就在一九四一年出版的《唯物主義世代，1871-1900》（*A Generation of Materialism, 1871-1900*）發表這樣的看法。他認為民族主義者就是帝國擴張的主要推手，「熱切地希望維持或恢復民族的聲望」即為主要動機。

雖然雙方著眼的重點不盡相同，但他們從未斷言帝國主義僅憑單一面相就可解釋清楚。霍布斯邦依然認為，帝國主義不可避面地帶有一些政治性功能，用來減緩民眾的不滿，將他們團結在一起。而海斯也看出許多商人因為帝國主義帶來的經濟優勢，也跟在其後方加以協助。

綜合上述兩類觀點，十九世紀的帝國主義絕非單一考量下的歷史現象。就連當時支持擴張帝國的人，往往也有多種角度的考量。激進的日耳曼民族主義者法比瑞（Friedrich Fabri），在一八七九年出版的《德國需要殖民地嗎？》（*Bedarf Deutschland der Kolonien?*），結合了民族主義與經濟考量，大聲呼籲德國不應該只守著歐洲土地，而是要向海外發展。霍布斯邦和海斯之間對於帝國主義的分析差異，並不代表著是非對錯，而是顯露出在名為帝國主義的歷史現象下，多元發展的歷史脈絡。

〈白人的責任〉：為帝國主義辯護

西元一八五九年，達爾文（Darwin）發表了在人類歷史留下重大影響的《物種起源》（*On the Origin of Species*）。根據他的理論，某些物種在特殊因素下演化出不同的生物特性，將因而在大自然中獲得更有優勢的生存條件，又或者是增加繁衍的阻礙，他將這種現象稱為「自然選擇」、「最適者生存」。達爾文的演化論引來不少冷嘲熱諷或批評，因為他挑戰了基督宗教的基本價值觀，人類不再具有獨特性，只不過是從猿猴演化而來的物種，世界秩序也不再是上帝的規畫，而是隨機性的競爭。

無論演化論遭遇多大批評，仍有另一批人不僅接納，還擴充解釋其內涵。英國哲學家斯賓塞（Spencer）在一八五一年出版的《社會靜力學》（*Social Statics*）曾說：「在事務的自然秩序下，社會不斷地排出不健康的、低能的、緩慢的、優柔寡斷的和缺乏信心的成員，……由於向他們提供源源不斷的必需品，絕對地鼓勵輕率和無能之人的繁殖。」達爾文發表演化論，他將適者生存的概念與個人想法結合在一起套，成為社會達爾文主義（Social Darwinism）的宣傳者之一。

以演化論解讀人類社會的還有種族主義、帝國主義。自然物種在演化上的差異，被擴大解釋成不同膚色人種的優勝劣敗之根本因素；帝國主義向外擴張的行為，則類比成大自然界的競爭，一切合理適當。十九世紀當時出現不少反映上述氛圍的言論、作品，例如英國詩人吉卜林（Rudyard Kipling）的〈白人的責任〉（*The White Man's Burden*）。他在一八六五年生於英國殖民下的印度，一生留下多篇小說、詩詞、短文等，是相當多產的作家，不少作品至今依然廣為流傳。因為出生背景，他的部分著作也融入帝國主義和種族主義色彩。〈白人的責任〉創作於一八九九年，頌揚美國成功殖民菲律賓。第一段說：

擔負起白人的責任，
派出你最優秀的子孫，
讓他們離鄉背井，
滿足你們俘虜們的需要，
在繁忙的日常工作中，
伺候那些激動不安的野蠻人——
那些你們新捕獲的
半魔鬼半孩童的陰鬱臣民。

很明顯的，吉卜林在一開始就畫分出一個強烈對比：優秀的白人種族與野蠻人、陰鬱臣民。接下來的段落一再強調，白人征服他們是一種責任，讓他們可以過更好的生活，而白人能得到的，只有「在你死後把你牢記永久」。〈白人的責任〉將帝國主義的行為包裝成英雄事蹟，將擴張描述成不得不的責任。

達爾文當初在發表演化論時，可能從未想過，單純的科學觀念會用來為種族主義帝及帝國主義辯護。無論其類比是否具有何理性，演化論所蘊含的「優勝劣敗」、「物種競爭」等思維將繼續發酵，深植在極右派民族主義者如希特勒的心中。

西化或抵抗（一）：十九世紀的印度與中國

最晚至十八世紀時，英國東印度公司利用蒙兀兒帝國的衰弱，不斷擴大在印度的控制區域，直至十九世紀中葉，成為實質上的統治者。隨著英國的統治日漸深入，印度人更加體會到在英國體制下，他們始終低人一等。一八五七年，英國殖民時期最大的武裝衝突爆發，英國政府鎮壓衝突後，仍持續採用不平等制度。印度的有志之士努力尋求解決方法，有一部分的人大肆接納西化，鄙夷傳統。另一部分的人如甘地，則努力結合西方文化與傳統文化元素，提煉出對印度的國族認同，為未來的獨立做準備。

十九世紀的中國也面臨巨變。中國長久以來採取以自身為尊的外交慣例，因而在面對英國時，差異甚大的國際觀使兩國之間難有實質往來。一旦英國發現他們有能力逼迫中國放棄過往慣例，順著他們的遊戲規則後，中國也意識到必須有所改變。是信守傳統、有條件地西化，或是全面西化，在清帝國最後的幾十年間各有不同的擁護者。

從印度及中國的例子就可看出，面對西方勢力，一國之內的反應不盡相同，極其複雜，事實上，就連單一個人也會隨時間而改變態度。印度出身的學者米什拉（Pankaj Mishra），就以當時幾位亞洲人的角度，回頭觀察他們是如何看待大肆擴張的西方文化，以及自身傳統，不再以西方文化的視野研究十九世紀的發展。這些研究最後集結在二〇一二年出版的《從帝國的廢墟中崛起》（*From the Ruins of Empire: The Revolt Against the West and the Remaking Asia*）。

中國知識分子梁啟超的一生，相當能夠看出亞洲傳統在面對西方文化時的困境。「天朝上國」的概念在遭遇多次戰敗後，中國變得殘破不堪，支持西化的知識分子也日漸增多。梁啟超一開始隨著他的導師康有為，仍相信清朝能推行改革（西化），扭轉劣勢。他們將此希望寄託在光緒皇帝的維新變法，卻再一次受挫於內部保守勢力。隨著清朝在庚子拳亂遭遇巨大挫敗，梁啟超對滿清、中國傳統文化的支持也信心盡失。比起如何在滿清下改革中國，他更在乎要用什麼方法，哪個方向創造新中國。其中許多想法的根源，來自於當代西方社會對資本主義與社會主義、民主體制與獨裁體制的論證。換言之，是從西方文化借用許多經驗，描繪出理想中的新中國。一九一一年中國發生革命後，清朝滅亡，梁啟超也投身於新中國的政治活動中。

「保留傳統」與「接受西化」的對立、調和，是十九世紀印度與中國知識分子在思索國家未來時面臨到的難題。他們清楚知道西方國家的強大已是不可爭論的現實，但為了使國家再興，又煩惱於該在何種程度上接納西方、保留傳統文化。此番爭論可能從未塵埃落定，在尋找解答的道路上，兩國人民也因此催生出現代中國和印度。

西化或抵抗（二）：十九世紀的伊斯蘭世界

面對來勢洶洶的西方國家，伊斯蘭世界也感受到極大威脅。伊斯蘭信仰興起後，一直是西方文明的強大對手。而從十八世紀下半葉開始，伊斯蘭文明在物質條件方面漸漸落後於西方，最直接的影響就是在回擊西方軍隊時也顯得力不從心。

十八世紀末拿破崙遠征埃及期間，曾想在當地推行西化，因為居民的反抗加上法國局勢的轉變，他的計畫最後不了了之。但他離開後，埃及總督（Pasha）阿里（Muhammad Ali）發現西方文化有其優勢之處，繼續在軍事、教育、行政等領域推行西化。埃及的例子，是伊斯蘭世界在面對西方文化的反應之一。

伊斯蘭世界也可分為大幅接受西化，或是西化但保留伊斯蘭信仰重要之處，以及全面抵抗西化等大方向。在第一類反應中，土耳其的凱末爾（Kemal）是最具代表性人物。大約在十八、十九世紀之交時，鄂圖曼土耳其帝國也走上逐步西化的道路。就西方國家的角度來看，土耳其仍是一個國力二流，甚至三流的國家，但西化著實獲得不少成效。土耳其在形式上依然是主權獨立的龐大帝國，一直維持到第一次世界大戰。改為共和制的土耳其，在凱末爾主導下大量西化，直到今日，該國是伊斯蘭世界中最具西方色彩的國家之一。

接納西方文化之餘，積極發揚伊斯蘭傳統也是當時的主流意見之一，米什拉的《從帝國的廢墟中崛起》就以阿富汗尼（al-Afghani）的一生為例，呈現此一傾向的發展脈絡。阿富汗尼生於一八三九年，早年居住在阿富汗，親眼見到西方各國在阿富汗、印度的擴張後，對他們抱持強烈的警戒心態。接下來的幾年他遊歷各處，一方面討論西方文化的優勢，另一方面又不斷維護伊斯蘭傳統的價值，在伊斯蘭世界留下不小迴響。雖然他缺乏有系統的思想論述，但米什拉仍給予他很高的評價，「阿富汗尼是最早主張穆斯林不應再以消極、認命心態面對西方列強壓倒性力量的人士之一。……若沒有阿富汗尼消化西方思想和重新思考穆斯林傳統這方面的作為奠下的知識基礎、政治基礎，很難想像晚近阿拉伯世界出現那些抗議、革命。」

凱末爾及阿富汗尼的生平，都是伊斯蘭世界在面對西方勢力的入侵時表現出來的積極面向。以強化國力、擺脫外來威脅的目標來看，伊斯蘭世界的西化所能達到的成效相當有限。同時代的中國、印度也是如此，唯一藉由西化而躍升強權的亞洲國家僅有日本。不過這些程度不一的西化，都代表了他們確實在古老漫長的歷史傳統中，試圖開闢一條與西方文化共存的道路。當堅守傳統顯得越來越不切實際時，推行改變就是亞洲文化不得不接受的事實。

第六章

兩次世界大戰：動盪不安的二十世紀前期

奧地利的斐迪南大公被刺殺後，單純的外交糾紛因錯綜複雜的國際局勢，旋即升溫成武裝動員。宣戰消息一出，上至政府、軍方高層，下至平民百姓，根據過去一個世紀的經驗，相信這場戰爭將馬上結束，不少人甚至還歡慶戰爭到來，迫不急待趕往徵兵處。不久後他們將發現，這是一場人類史上擴及範圍最廣，死傷最多的大戰。工業革命之後，各式武器裝備也能一同大量生產，單一戰役就可投入數十萬甚至上百萬士兵，讓他們面對大炮、機關槍、毒氣瓦斯等各式武器的攻擊。第一次世界大戰是一場無謂消耗雙方國力的整體戰爭，本應與戰爭無關的平民百姓也牽涉其中。

從原先的期待到失望，戰爭帶給各國政府莫大壓力。主要參戰國家中，俄國最先退出。國內局勢本來就不甚穩定的俄國，因戰爭瀕臨崩潰，忍無可忍的群眾發動革命，結束沙皇政權。在歷經一段混亂期後，列寧領導的共產黨取得政權。為了維繫權力，他毅然決定退出大戰。

造成重大傷亡的大戰在一九一八年告終。除了俄國，德國，奧匈帝國與土耳其帝國皆因這場戰爭而解體，戰勝的英、法同樣元氣大傷。受害慘重的法國決定向德國要求極為嚴峻的賠償條件，在德國代表有機會表達意見時，戰勝國已根據法方要求擬好戰後條約，如此做法只是徒增德國人民的不滿。

大戰後的生活是另一段苦難的開始。戰爭摧毀了原先繁榮的經濟秩序，留下大量有待重建的廢墟。好不容易稍微走出經濟衰退的陰影，又遇到史上規模最大的經濟蕭條，帶來高失業率、低收入的嚴重社會問題。美國以「新政」度過難關，而歐洲許多國家則轉向右派勢力，其中影響最大的是德、義兩國的法西斯政黨。利用英、法的畏戰心態，希特勒恢復德國軍備，出兵征服周圍領地。直到他出兵波蘭後英、法才認知到不應繼續姑息德國，開啟另一次世界大戰。

美國是第二次世界大戰中，反法西斯陣營的重要力量。美國長久以來一直不願干涉歐洲事務，當年會參與一戰起因於德國的主動攻擊。二戰初期美國仍採取中立態度，直到遭受日本攻擊後才加入戰局。美軍的介入大肆壓迫德軍戰線，在太平洋大幅擴張的日本也節節敗退。德國投降不久後，美國向日本投下最新的武器原子彈，結束大戰。歷經此戰，美國轉而成為積極介入國際事務的世界強權。

第一次世界大戰：歐洲黃金年代的結束

速戰速決是德國戰爭初期的戰略，因而決定實施著名的希利芬計畫（Schlieffen Plan）：一條從比利時向南延伸的戰線朝巴黎的位置移動，以逆時鐘方向橫掃法國後，再調動軍隊回東戰線全力擊敗俄國，理想上這將讓戰爭在短時間內就能結束。德軍投入實戰後才發現，該計畫過於高估軍隊、補給的機動性，更輕忽法軍抵抗力，德軍的攻勢節奏無法有效整合。德法雙方的戰鬥漸漸變成壕溝戰，士兵處在鐵絲網與機關槍保護的壕溝內，度過寒冷的冬天。德國在東線的戰局就順利許多，縱使奧地利軍隊軟弱不堪，德軍仍能將戰線不斷往俄羅斯境內推進。

除了歐洲本土，各國分布於世界各地的殖民地也加入戰爭，演變成一場世界大戰。殖民地數十萬計的士兵加入殖民母國的行列中，參與這場本來與他們無關的戰爭，許多人因此永遠無法回到自己的故鄉。

西元一九一六年，雙方在凡爾登（Verdun）與索姆河（Somme）爆發第一次世界大戰中規模最大的會戰。這兩場戰役，雙方指揮官仍採取拿破崙時代的作戰觀念，士兵排成密集陣形，鹵莽地衝向對方戒備森嚴的防線。但在現代化的武器如機關槍面前，這種戰略無異於自殺。指揮官們相信，只要投入大量兵力，必定能突破對方防線。如此無法跟上技術變革的戰略，最後的結果是德、英、法雙方共損失一百五十萬人後，繼續回到壕溝內相互對峙。不久後，規模不等的兵變開始在雙方陣營中出現，不僅是因為作戰環境極為惡劣，還因為軍方高層一再實施危險卻又缺乏實際功效的攻擊行動。

到一九一七年，俄羅斯發生革命，退出戰局。同年，美國正式參戰。德國從東部戰線退出後，得以將所有力量調往西部戰線，一時間帶給英、法不小壓力。不過美國的加入，讓早已疲乏不堪的英、法士氣大振。隔年，奧匈帝國境內的各民族發動革命尋求獨立，造成這個多民族帝國分崩離析，僅憑一己之力的德國也顯露敗象。察覺到國內高漲的不滿情緒，德皇退位，德國轉為共和體制。一九一八年底，交戰雙方同意停火。

第一次世界大戰是一場動員全國之力的全面性戰爭，不只軍人受害，就連平民也是戰爭的受難者。曠日費時的戰爭耗盡許多資源，包括平民在內，共造成上千萬人死亡，許多繁榮地方變得殘破不堪，經濟嚴重衰退。戰爭雖然結束，但還有滿目瘡痍的歐洲社會有待重建。

一九一七年俄國革命：建立共產國家

俄羅斯當初也興致高昂地投入第一次世界大戰，相信這場將迅速結束的戰爭，能扭轉長久以來在巴爾幹半島遭遇的挫折。不過最後的結果證明，俄羅斯根本無力應付如此長時間的大規模作戰。雖然俄羅斯擁有大量兵力，天然資源方面也相當豐富，但他們的行政組織未能有效地統籌這些戰力，使之有效分配。許多士兵到了前線，都無法獲得足夠的武器及防寒裝備。加上俄軍缺乏足夠訓練，整體戰力遠遠比不上戰力精良的德軍，開戰不久後節節敗退。軍事上的失敗使沙皇威望更形下降。俄羅斯長久一直有經濟落後、工人生活困苦、政治不自由的問題，日俄戰爭戰敗後，人民的種種不滿曾引發一次革命，迫使沙皇推行各項改革。而世界大戰使俄國民眾要求食物與改革的聲浪，轉化成幾乎散布全國的革命，就連軍方也加入其中，終結沙皇體制。

沙皇退位後，俄國由沙皇時期的議會成員統治。為了取得國外支持以維繫政權，新政府決定持續戰爭，但這只不過是給了更激進的共產黨掌權機會。隨著戰局惡化，以列寧（Lenin）為首，俄國共產黨從一開始的弱勢取得越來越多人支持，在一九一七年的八月發動另一場革命，成為俄國的新統治者。列寧掌權後實施了幾項穩定政權的重要政策，對外，放棄大片東歐領地後，與德國談和隨即退出戰爭。對內，雖允諾政治自由化的改革，實際卻在推動共產黨專政，建立一個以民主為名的獨裁政權。同時，雖然決定將銀行、工廠收歸國營，不過考量到殘破的戰後經濟，先推行許可小規模私有制的經濟計畫。

列寧掌權後，反對共產主義、仍掌握大片俄國領地的「白軍」，與俄共的「紅軍」在一九一八年爆發內戰。歷時近兩年的內戰在犧牲上百萬人的性命後，最終確定俄國將由共產黨領導。一九二四年列寧逝世，史達林（Stalin）歷經黨內的政治鬥爭，成為共產黨的領導人。他在統治期間推行五年經濟計畫，加速俄國的工業化進程，並帶領蘇聯度過二戰，邁入與美方對峙的冷戰。

俄共政權的建立出乎不少人的預料，因為其發生在工業化程度相對落後，工人比例較少的國家，就連列寧本人也對共產政權能維持下去有些許驚訝。無論如何，俄國的轉變讓歐美領導者見識到，共產主義者確實有能力在一場革命中獲取政權，推翻溫和自由主義者與資本主義者建立的政權。對共產主義的戒心，隨後導致兩次大戰之間極右派勢力得勢，以及隨之而來的冷戰。

美國介入大戰：放棄《門羅宣言》的國際強權

美國參與第一次世界大戰的時間相當晚，但強大國力是英、法得以戰勝的重要支援。參與第一次世界大戰，宣告美國成為國際強權，並積極在世界各地發揮影響力的年代開始，一直到今日仍是如此。

獨立之後，美國的領地範圍不斷往西擴張。在拿破崙時代，美國從法國手中買下大筆土地，與建國之初相比，領地已成長約四倍之多。十九世紀初期，中南美洲各地爆發追求獨立的革命，美國在一八二三年公開《門羅宣言》（Monroe Doctrine），其重點有二，第一，歐洲各國不應該再干涉美洲國家的內政主權。第二，對於歐洲各國的爭論，美國也採取中立態度不會介入。《門羅宣言》不久後也得到英國的支持，因為一個開放，不受他國控制的美洲更有利於經貿發展。

十九世紀的美國相較於歐洲列強，在拓展海外領地的作為上消極許多，主要的殖民地只有從西班牙奪來的菲律賓，美國的注意力集中在北美西部的廣大土地。打敗美洲原住民、西班牙與墨西哥後，十九世紀中葉的美國領地已與今日相去不遠，擴張速度相當驚人。一八六一年時，美國南北各州因奴隸問題與政府組織的紛爭僵持不下，爆發了長達四年的內戰。工業化的生產規模武裝大量士兵，連帶造成數十萬人的傷亡。此役之後，美國正式廢除奴隸制度，本身也形成一個更開放、自由、統一的龐大市場。以此為起點，美國邁入工業、經濟迅速發展的年代。各國移民，特別來自歐洲地區，大量湧入美國，填補極其需要的勞力短缺。美國擁有自然資源豐富、國內市場龐大的天然潛力，加上極有野心的資本家，短短幾年間的工業產能就已取代英國，展現出難以輕忽的實力。

第一次世界大戰初期，美國仍採取中立態度，僅在物資補給上幫助英國。但德國在戰時為了封鎖英國採取的無差別攻擊，並威脅美國不得介入戰爭的做法，極速惡化美德關係。美國政府在「提供民主一個安全的世界」的口號下，決定打破長久以來堅守的外交策略，介入歐洲列強之間的戰爭。

一戰結束後，美國的外交策略暫時又回到以《門羅宣言》為基礎的原則上，無意過問歐洲國家日趨緊繃的關係。二戰爆發後，美國才逐漸發現這次也不可能完全置身事外。美國極其強大的國力再一次扮演主導戰局的關鍵力量，並於戰後強勢規畫國際秩序。

《凡爾賽和約》與國際聯盟：維持世界和平的企圖

第一次世界大戰結束的隔年，歐洲各國及殖民地代表齊聚巴黎，商談戰後局勢。這場會議實際上由美、英、法、義主導，接連與不同國家簽訂，通稱為《凡爾賽和約》（Treaty of Versailles）的多項條約。這些條約的內容有三個重點，第一，重懲德國，要求該國承擔所有戰責。第二，確認在大戰期間出現的獨立國，以及瓜分戰敗國領地。第三，共組國際聯盟（League of Nations）。

德國的戰後處置是一大問題。為了確保不再造成威脅，受害嚴重的法國強力要求在德國身上施加極為嚴厲的條約。換言之，法國將保持和平的希望，建立在嚴重打擊德國國力之上。根據《凡爾賽和約》，德國必須將普法戰爭時獲得的亞爾薩斯洛林省歸還法國，並放棄位於波羅的海沿岸的西普魯士省。除此之外，還必須接受鉅額賠償金。戰勝國還在條約中，加入了「戰爭責任」的概念，將所有對德的嚴厲要求合理化，相關內容如此提到，「德國接受德國及其盟友造成的所有損失與傷害之責任。」對於這些條件，德方代表完全沒有機會協商，當他們得知時，已是一份不得修改，直接要求簽名的文件。這些條件的合理性在當時也曾引發爭論，不過在法方強烈要求下，英、美也不願多表示意見，局勢已定。

第一次世界大戰也在歐洲掀起一波國家獨立潮。基於美國總統威爾遜（Wilson）在戰爭期間提出的民族獨立原則，波蘭、捷克斯洛伐克、奧地利、匈牙利、南斯拉夫、立陶宛、拉脫維亞、愛沙尼亞等國，相繼從前奧匈帝國及俄羅斯帝國的領地內獨立。歐洲之外，民族自決原則在國家利益的考量下只是空白口號。戰時英、法在土耳其帝國境內，策動阿拉伯人起身反抗土耳其，並承諾將在戰後協助獨立。但在戰後，許多地方不僅未能獲得獨立，反而轉由英、法兩國繼續佔領。

突顯這場和平會議過於理想性的還有國際聯盟的組成。威爾遜也注意到第一次世界大戰的起因之一，即為各國之間的激烈競爭。因而在戰後呼籲各國組成國際聯盟，作為未來商討各國衝突，保持和平的跨國平台。然而，該組織的發起國美國，因國會拒絕加入反而置身事外。其他像是德、俄等大國也未加入。再加上該組織缺乏實際制裁力，與今日的聯合國截然不同，在兩次大戰期間，能夠發揮的影響力相當有限。

《凡爾賽和約》與國際聯盟的出現，意在維繫世界接下來的和平。但相關處置方式並未能從根本上化解各國對立。例如法國，對德國的恐懼已超越合理戰後條約的程度。而德國民眾的不滿，成了極右派勢力發展的絕佳條件。當國與國的衝突、競爭仍是外交主調時，戰後和平仍存有許多隱憂。

經濟大恐慌：資本主義世界失序

一九二九年華爾街股市的大崩盤，全球經濟陷入人類史上規模最大的經濟大蕭條（Great Depression）。所謂的大蕭條，意指當時歐美各國高失業率及經濟緩慢發展的現象。因為全球化的發展，世界各地已連成一片密集的聯絡網，一個地區的經濟問題相當容易引起連鎖反應，加重大蕭條的影響層面。

經濟大蕭條的發生，奠基在當時的幾個重要背景上。因為一戰，美國已成為德、英、法等國的最大債權國。為了還債及重建戰後經濟，這些國家被迫向美國大量借貸，特別是德國，相當依賴來自美國的資金。另外，為了加速經濟復甦，歐洲國家採取通貨緊縮政策。為了使產品具有競爭力（低價），壓縮勞工薪水及福利。然而，這種做法同時也是在削弱社會購買力，工業產品為了獲利，只好進一步降低勞工薪資水平，導致不斷的惡性循環。雖然並不穩定，戰後世界經濟確實逐步好轉，但過度樂觀的氛圍，讓許多生產者並未意識到大眾消費能力沒有隨之增加。特別是在美國，還大肆鼓吹信用消費，大量購買力有很大一部分其實是來自於基礎薄弱的借貸。

大蕭條的前兆首先發生在農業方面。一九二〇年代，產量越來越高的農產品一來供應過剩，二來削價競爭，利潤直線下降，這對許多以專業化生產（種植單一作物以供應世界市場）的國家或地區是一大打擊，必然隨之減少他們在各產品上的消費。不久後其他產業的人也發現，他們的生產數量遠大於需求力道。一旦刺激消費的手段出盡，各種借貸也面臨違約時，開始引發投資者的恐懼，華爾街股市暴跌，銀行倒閉，原本送往歐洲的資金也開始抽手。脆弱的歐洲經濟因失去支援而崩盤，大幅減少的工作機會只意味著更惡劣的經濟環境，先前的經濟復甦猶如過往雲煙。

依據古典經濟自由主義的概念，一隻「看不見的手」將會調控供需方的關係，但大蕭條的到來，印證了這隻手也有所侷限。各國政府努力以各種手段度過大蕭條，最信奉經濟自由主義的英國，放棄自由貿易政策，與其他國家一樣，建立越來越嚴苛的關稅政策以保護該國產業，但這只是更進一步扼殺發展國際市場與資金流動的可能性。而像是德、義兩國，急速往右派勢力靠攏，希望出現一位能解決現況的強人。俄國的表現令許多人驚訝，因為其經濟發展看來完全不受影響，由政府主導經濟發展的作法，此時看來別具說服力。美國接納了凱因斯（Keynes）的理論，推出所謂的新政（New Deal），政府主動提供工作機會及資金刺激經濟。不過最終解決經濟問題的是第二次世界大戰，對人力的大量需求，才真正有效降低當時的失業問題。

法西斯主義在德義：極右派勢力掌權

對戰後局勢的不滿，特別是經濟大蕭條造成的破壞，使歐洲各國的右派勢力一時間獲得不少支持，其中對世界局勢影響最大，則是在德、義崛起的法西斯主義。雖分別為戰勝國與戰敗國，兩國人民都對巴黎和會的處置方式相當不滿。義大利獲得作為補償的領地，但這與同盟國原先答應的內容仍有差距，義國民眾認為他們的付出並未得到應有尊重。而德國民眾的失落感更加嚴重，戰前德國是歐洲地區，也可說是全世界上數一數二的大國，但在巴黎和會中，他們的國家任人宰割，喪失大塊領地，負擔巨額賠款，被迫裁軍，國家主權遭受藐視。一戰的結束只是致使更多人對現有局勢的不滿。

面對戰後困局，德、義政府都未能有效解決。義大利政府無法平息人民的不滿，且戰後經濟困局，使許多人擔憂共產革命也會在義大利發生。墨索里尼（Mussolini）利用這個機會，以反社會主義、宣揚國家主義為手段，迅速獲得民眾支持，在一九二六年成為義大利實質上的獨裁者，其他政黨一律成為非法組織。德國的戰後問題不下於義大利。先是物價極速通膨，人民生活頓失保證，好不容易在一九二〇年代穩定下來後，又遇到史上規模最大的經濟大蕭條，困頓生活的背後還有共產革命的陰影。希特勒（Hitler）領導的德意志國家社會主義工人黨（National Socialist German Worker's Party，簡稱納粹黨），給予德國人民經濟復甦、重建國家榮耀及反共產主義的承諾，在民主體制下，於一九三三年掌握國家大權。納粹黨也只允許該黨獨大，並將國家組織與黨政機關緊密結合，創建黨國一體的政治結構。

墨索里尼與希特勒所代表的法西斯主義，其實很難有十分精確的定義。他們反對社會主義，反自由主義，比較可以確定的是，都相當執著於建立一個強大的民族國家，因此個人權益應服從於國家體制之下。

墨索里尼為了轉移經濟大恐慌產生的不滿，派遣軍隊征服曾在上個世紀打敗義大利的衣索比亞。而希特勒統治下的德國，一度滿足了許多德國人的期待。他不理會巴黎和會的決議，重建德國軍隊，以政府力量刺激經濟、降低失業率，勇於測試英法的底線，佔領萊茵蘭（Rhineland）、奧地利及捷克斯洛伐克的蘇德台地區（Sudetenland）。

位在東方的蘇聯相當不樂見德國的壯大，畢竟希特勒是強烈的反共產主義者，另一方面也很擔憂德國與英法之間的衝突會將俄國捲入戰爭。在討論如何瓜分波蘭後，蘇、德於一九三九年簽訂互不侵犯條約。同年，希特勒決定執行一個更大膽的計畫：入侵波蘭。

第二次世界大戰：邁入現代世界

西元一九三八年，德、英、法三國統治者在慕尼黑開會，討論德國對蘇德台地區的佔領要求。英、法接受希特勒的說法，相信獲取蘇德台將是德國的最後一個擴張政策。他們之所以多方忍讓德國的擴張，起因於許多人仍對大戰的慘烈記憶猶新，而且戰爭造成的經濟衰退直到那時都還未完全解決，不願對希特勒採取過於強硬的態度，以免再起戰端。再加上他們認為一個強大的德國，將是阻止俄共擴張的絕佳力量。不過英、法都低估了希特勒的企圖心，他想要的不只是統一日耳曼民族，還想更進一步建立以德國為中心的新國際秩序。他在一九三九年入侵波蘭後，英、法才明確意識到這點，同年向他宣戰。

德國的機械化部隊在戰爭初期佔盡優勢，在一個月內打便敗技術落後的波蘭軍，征服大片土地。隔年，德軍開始往西進攻，先是占領比利時、荷蘭後，跨越法國邊界。距離德軍發動攻勢一個多月後，法國投降，德國控制北部，並在南部建立支持納粹政權的新政府。接著德軍將目標轉移到英國。英倫海峽再次扮演保衛英國的天然屏障，德軍遲遲無法在空、海方面取得決定性戰役，戰爭就一直拖延到一九四一年。大約從這一年開始，德國的戰場逐漸擴大，入侵巴爾幹地區，以摧枯拉朽之勢征服該地，再加上義大利這個盟友，希特勒成功在歐洲建立遼闊的勢力範圍。為了爭奪蘇伊士運河這條英國的重要補給路線，與英軍在北非發生一連串的攻防戰。當西線戰事尚未結束時，希特勒決定入侵俄國，試圖掌控重要天然資源。德軍挾其精良軍備迅速入侵俄國腹地，進逼莫斯科。不過德軍資源也漸漸被俄羅斯的氣候及俄軍的奮力抵抗消耗殆盡，從一九四三年起顯露敗跡，俄軍開始將戰線往西反推。

二戰初期，美國政府也是保持中立狀態。不過同樣由極右派勢力掌權的日本，為了在太平洋建立霸權，不僅攻擊英、法殖民地，入侵中國，還奇襲美國的珍珠港。種種發展讓美國知道保持中立並非和平保證，在強大民意支持下，決定參與第二次世界大戰。在亞洲地區，美國與日本不斷爭奪重要島嶼的控制權。在歐洲地區，除了反攻義大利外，還在一九四四年登陸諾曼第開闢新戰場，與蘇聯夾擊德軍。

一九四五年柏林淪陷，德國投降。同年，日本見識到原子彈的破壞力後，決定投降，第二次世界大戰告終。這場戰爭的規模遠超過第一次世界大戰，傷亡人數以千萬為單位計算。較值得慶幸的是，各國政府已懂得避免重蹈一戰後的覆轍，人類社會到目前為止再也沒出現過如此大規模的戰爭。

第一次世界大戰的樣貌：大規模戰爭的破壞

與拿破崙戰爭、克里米亞戰爭，或是普法戰爭相比，第一次世界大戰帶來的慘烈結果遠勝以往。數百萬，甚至上千萬的死傷統計，只是一連串數字，回頭檢閱當代人留下的日記、家信或回憶錄，就能明白這些數字代表的是歐洲遭遇到的大規模破壞。

瑞典歷史學者英格朗（Englund）在二〇〇八年時完成《美麗與哀愁：第一次世界大戰個人史》（*Stridens Skönhet Och Sorg*）一書。他不再深入討論已有許多人研究過的戰爭史，想讓讀者知道的是「活生生的人；不是事件與過程，而是感受、印象、體驗與情緒」。英格朗一共蒐集了二十二位曾參與大戰的人的故事，他們來自不同陣營，身分各異，有軍人、護士，也有位處後方的公務人員、女學生，以紀年體一一呈現他們心境上的轉變。

翻開第一章的一九一四年，就可看出對這場戰爭的不同反應。有些人歡欣鼓舞地迎接戰爭，認為這是可上戰場盡情殺敵的大好機會，也有另一批人對於戰爭來臨感到驚訝，畢竟歐洲已維持長久和平，經濟發展也不斷進步中。有位名為米歇爾·科戴（Michel Goday）的法國公務員與小說家，就在他的日記留下這段話，「由戰爭的爆發所引起的每個念頭與事件，都像是一道痛苦且致命的打擊，粉碎了我內心的深切信念：亦即對於人類持續不斷進步，不停邁向更大福祉的信念。」無論是否樂在其中，歐洲各國的男女老少都得接受戰爭的到來。士兵們在環境惡劣的壕溝中作戰，既要躲避炮火，也要對抗疾病與飢餓。平民百姓也必須忍受日漸嚴苛的物資配給，運氣更糟的則是家園遭受掠奪、摧殘。極端民族主義者控制大眾媒體，大肆宣傳己方的「英雄事蹟」與敵方的「邪惡本質」，要求和平的訴求乃是社會上的弱勢意見。大約從一九一六年開始，戰爭的苦果使社會與論終於敢說出對戰爭的不滿，想盡辦法逃避兵役的事件時有所聞，戰爭不再是一場令人歡心鼓舞的活動。

一九一八年的一月，是大戰結束前十個月，科戴的日記記載，「人民已開始要求領導者說明他們為什麼要被迫上戰場打仗。經過了四年的時間，這項正當合理的渴望才終於浮上表面，這種渴望已在俄國達成了目標……」

他在最後形容戰爭的新階段就是「牧羊人與羊群之間的衝突」。在俄國革命之後，土耳其、奧地利與德意志帝國也因為羊群的不滿一一消失。戰爭結束時，各地出現慶祝活動，諷刺的是，其熱情遠不如四年前慶祝戰爭的到來。曾使歐洲文明享盡各種優勢的工業技術，回過頭來反咬他們一口。不斷進步的世紀就此真正畫下句點，迎接他們的是殘破的家園，許多人都知道，過往的美好時光再也不復見。

列寧與史達林：以共產主義改造國家

列寧生於一八七〇年，如同許多資產階級出身的人，他也將注意力放在改變國家政治與經濟等議題上。他最後選擇具有革命理念的共產主義，放棄在保守的俄國體制內推行改革。一八九一年大學畢業後便投入共產黨的活動，在黨內的地位與日俱增。馬克思的《共產黨宣言》將共產黨設定為領導無產階級的政黨，列寧不僅完全認同，還在一九〇二年出版的論著《怎麼辦？》（*What is to be done?*）中，更進一步強調未來的共產革命非共產黨不可。他相信真正的革命應由最有行動力、組織性的政黨領導，在這個政黨裡，也將是由一群最優秀、最熟知革命的黨員策畫行動。他呼應馬克思的想法說：「我們必須主動承擔對工人的政治教育，以及政治意識的發展之責任。」一九一七年沙皇政府倒台後，列寧領導極富戰鬥意識的共產黨，順利把持國家大權，並著手實驗馬克思的共產理念。

基於共產化，新生的蘇俄原先打算清除私有制。列寧在一九一七年公布《四月提綱》（April Theses），將一切土地收歸國有定為首要任務之一。可是在不久後就發現，如此激進的作法不但無法鼓勵戰後農業經濟的復甦，隨之而來的內戰更使社會動盪不安。有感於全面共產化的時機尚未到來，蘇俄宣布新經濟政策（New Economic Policy），承認小規模私有制的農業及自由市場。此一政策一時之間穩定了俄國的狀況，不過列寧的後繼者史達林認為這非長久之計，以強硬、血腥的手段徹底實施共產制度，推行大規模的計畫經濟。

史達林在一八七九年出生，二十世紀初就已積極參與共產黨活動，蘇俄建國後是政府要員之一。一九二四年列寧逝世，史達林利用黨政機器將國家大權牢牢掌握。在政治體制上，他更執著於建立共產黨的至高地位。一九三六年頒布新憲法，以民主外衣包裝一黨專政的事實，例如第一二六條提到共產黨「是工人在努力壯大、發展社會主義體制時的先鋒，也是工人在公眾、國家組織中的領導核心」。他在當年的蘇維埃代表大會中，將政黨競爭定位為階級鬥爭的產物，而蘇俄既然已全然剷除階級鬥爭，全國人民的權益當然光靠共產黨就已足夠。藉由這份史達林口中「世界上唯一徹底民主的憲法」，更加確立蘇俄一黨專政的政治體制。

隨時間過去，共產黨也變成國家裡的特權階級，民主機制空有形式，缺乏對自由精神的尊重，甚至喪失了馬克思以共產主義改善人類社會的初衷。當年無政府主義者曾批評馬克思的理論，只會造就另一批特權團體，如今看來一一實現。不只俄國，東歐諸國、北韓與中國共產政權在接續蘇俄模式後，都發生同樣的情況，使「共產主義」一詞在許多人心中僅留負面形象。

墨索里尼與希特勒：法西斯主義的領導者

兩次大戰期間的歐洲，也是專制政權逐步蔓延的年代。位於東邊是以共產黨為首的蘇俄，西邊則是墨索里尼與希特勒領導下的義大利與德國。他們都用民主之名順應時事，一步步強化政權基礎。在過往一世紀曾蓬勃發展的自由主義，雖不至於完全潰敗，卻也顯得積弱不振。

墨索里尼生於一八八三年，曾參與第一次世界大戰，戰後不久組織義大利法西斯黨。他在一九三二年以個人名義，在《義大利百科全書》（*Enciclopedia Italiana*）發表一篇定義法西斯主義的文章：〈法西斯主義原則〉（La dottrina del fascism）。根據內文，法西斯主義至少可歸結為以下幾個原則：強調戰鬥、競爭，否定自由主義及民主制度。最重要的一點是權力應當集中於國家手中，「法西斯主義視國家為絕對的，所有個人和團體與之相比都是相對的，只能在與國家的關係中進行思考。」換言之，國家權力的地位遠在個人意志與自由之上。這在今日看來難免覺得荒謬的想法，在民族主義高漲的年代卻大受支持，不只義大利，德國也是如此。

希特勒在一八八九年出生於奧地利，大戰爭結束的那一刻他正在後方接受治療。根據他的日後回憶，當時的他悲痛不已，因此決定走上政治一途。他的理念與墨索里尼有諸多相似之處，但比起後者，有更強烈的反猶情緒及德國（日耳曼民族）至上主義。一九二五年他的著作《我的奮鬥》（*Mein Kampf*）問世，直接表示日耳曼人需要更多的生存空間，這空間不是在海外，而是在歐陸境內，為了獲取土地而戰是「最神聖的犧牲」。

因為希特勒在德國迅速崛起，令眾多史家也相當好奇是哪一群人基於什麼樣的理由支持他。卡斯騰（Carsten）的《法西斯主義的興起》（*The Rise of Fascism*）及費舍爾（Fischer）的《納粹德國》（*Nazi Germany: A New History*）都是近年來相當重要的研究成果。他們的研究成果指出，單憑希特勒自己的力量，無法動員德國上下參與他的計畫，對戰後局勢的不滿同樣是重要因素。面對不同身分、職業的德國人，希特勒總能以不同的承諾獲取支持，並引導他們相信國家、民族才是最應效忠的對象。費舍爾對當時的情況留下一段發人省思的總結，「在正常的年代，共和國還可能勉強對付過去，……但是在充滿動盪和混亂變化的年代，它的虛弱成了致命的缺點。在相互的恐懼和妄想的氛圍中，許多德國人再次倒退到『立竿見影』的專制主義解決方法。假如右翼的、民族主義的態度佔據上風，這種解決方法自然出自政治右翼。」

德國的後續發展，驗證了一味追求效率的政府體制，很容易引發一連串侵犯人權自由的事件。近現代人類史也是一段追尋理想政府體制的歷史，在各項標準之間尋找最適當的平衡點。這一段歷史就目前看來仍未終結，不過，在第二次世界大戰後，法西斯主義式的政府體制已從選單中被刪去。

西班牙內戰：第二次世界大戰的縮影

曾為海外殖民大國的西班牙，晚至十八世紀下半葉就已不復見當年榮景，接連丟失廣大殖民地。在西方文明最瘋狂於海外擴張的十九世紀，西班牙不僅未能參與其中，還因與美國的戰爭，喪失僅存殖民地。積弱不振加上大戰期間的經濟大蕭條，導致國內各派勢力蠢蠢欲動，其中包括了自由主義者、共和制支持者，共產主義者、社會主義者、君主制支持者，以及法西斯主義者等。西元一九三一年，西班牙推翻君主制，成立共和國。一九三六年，立場左傾的勢力在選舉中佔有優勢，弗朗哥（Franco）領導的法西斯式政黨決定發動政變，開啟歷時四年的西班牙內戰。

西班牙內戰不只是大戰期間的一次插曲而已，同時其具體而微地呈現歐陸各國、各意識形態的關係，以及他們的外來發展。關於西班牙內戰，左派史家霍布斯邦在探討二十世紀史的作品《極端的年代》（*The Age of Extremes*）中有很好的分析。他秉持多元、宏觀的觀察視野，將西班牙內戰放在當時的國際脈絡下考察。在西班牙，弗朗哥發起的軍事政變，逐漸演變成法西斯勢力與反法西斯勢力在第二次大戰前的對抗。信奉法西斯的德、義兩國，給予弗朗哥大量援助，反法西斯陣營中，蘇俄及共產黨是最積極的一股勢力。反倒是試圖保持中立的美國政府，以及不願再起戰端的英、法政府，則採取袖手旁觀的態度，來自自由主義世界的支持，只有自發性民眾的加入。西班牙的反法西斯勢力因為意見紛雜，未能有效統合力量，在最後敗給弗朗哥的軍隊，西班牙就此進入長達數十年的專制統治。

正如霍布斯邦的研究所顯示，在二十世紀初無論是蘇俄或英、法，光是要應付戰後殘局就花費大量心力，更別說是消滅對方。真正對他們帶來威脅的，只有像是法西斯那樣的極右派勢力。當時美、英、法三國還未明確意識到這一點，間接影響了西班牙內戰的走勢。直到他們直接承受來自德國的攻擊後，才開始思索與共產主義合作的可能性。德軍入侵俄國，終於促成反法西斯勢力團結在一起，共同度過第二次世界大戰，避免重蹈西班牙內戰的覆轍。

大戰期間的同盟當然不可避免地帶有國家利益的考量，不過支持他們合作的，還包括了對於人類未來某種程度上的共同看法，就像霍布斯邦所言，「在意識思想方面，反法西斯的精神仍建立於眾人共享的價值觀念及希望，亦即啟蒙時代和革命時代的意識：經由理性與科學，為人類創造進步；普及教育與民選政制；不憑世襲，人人生而平等；不戀傳統，建立具有前瞻性的社會。」

總體戰：新型態戰爭模式

第一次世界大戰首次讓人類見識何為總體戰（Total War）。總體戰是一種以國家為單位，全國上下一同投入戰爭的作戰模式。戰時國家權力將大幅擴張，對於各項事務的管控程度遠超過戰前狀態。因此國家得以依戰爭需求動員物資、人力，並全面性地以各種手段向國民宣傳，進行心理喊話。即便身在大後方的非軍事人員，也能切身感受到戰爭帶來的轉變。

對平民而言，總體戰帶來的不只是國家遭到攻擊那麼簡單、抽象的感覺，還因為隨之而來的物資缺乏與敵軍攻擊，一同感受戰爭帶來的苦果。科戴（請參考「第一次世界大戰的樣貌：大規模戰爭的破壞」）於一九一七年寫下的日記在批評好戰分子把持媒體時，無意間也透露出受管制的辛苦生活：「攝影記錄不會呈現室內因為燈火管制而陷入近乎黑暗的情形，……也不會呈現大型雜貨店外那些為了購買糖配給而排上多達三千人的隊伍。」一九一八年他在巴黎的某一晚還遭遇德國空軍的攻擊。人類史上剛成形的空軍，被當作是摧毀敵國後方補給、士氣的利器，與戰爭無直接相關的平民百姓往往也是受攻擊的目標。二戰期間，像這樣的空襲越來越頻繁。

因為總體戰，戰爭規模也更勝以往。戰爭規模的擴大一方面和人口成長不無關係，技術的變革及實施徵兵制度，也是各國能武裝大量士兵的關鍵。拿破崙當年遠征俄羅斯時，傾全歐陸之力總共動員了近七十萬人，但第一次世界大戰的法國，開戰前四個月的傷亡總數就遠超過這個數字，後來因為實施徵兵制，共有數百萬士兵投入大戰。

曾親身經歷第二次世界大戰的史家霍布斯邦，在《極端的年代》舉出一個例子，讓讀者更了解到總體戰尚未到來時的戰爭狀態，「拿破崙四處征伐歐洲的年代裡，珍奧斯汀（Jane Austen）可以安坐在家中寫她的小說。對不清楚時代背景的讀者來說，肯定猜不出當時是這樣一個烽火連天的時代，我們從她的小說裡嗅不出一絲戰爭的氣息。」

對於總體戰，霍布斯邦也提出了幾點值得觀察的方向。第一，藉由兩次世界大戰，各國政府也學習到如何更有效地管理資源。第二，為了凝聚國內士氣，會將己方行為合理化、英雄化，會將敵國所有人一同「形象惡魔化」。第三，現代武器使士兵在攻擊目標時，不再需要受到良心考驗，也可省去許多時間與力氣，擴大人員傷亡數。

隨著人類在組織制度、科學技術不斷革新，二十世紀上半葉的那兩次大戰，證明了人類在發動大規模戰爭上擁有無限潛力。直到今日，世上許多戰爭都在延續總體戰的特色，較值得慶幸的是，論及影響程度縮小許多。掌握戰爭新型態的同時，人類也學到「自制」的必要性，此一進步說來慘重，卻也彌足珍貴。

種族滅絕：近現代史上的大屠殺

因為大屠殺政策，納粹德國成了近現代史上引發最多爭議的政權之一。一九三〇年代至一九四五年間，納粹德國先是針對猶太人推動歧視性政策，最後則是有計畫性的大屠殺，共造成數百萬猶太人死亡，另外還有許多斯拉夫人、吉普賽人及俄國共產黨員也在大屠殺中喪命。大屠殺的歷史淵源流長，根據《舊約》記載，猶太人也曾經扮演加害者的角色，在古羅馬時代、十字軍東征或地理大發現時期，諸如此類的事件也層出不窮。但納粹德國的大屠殺之所以備受重視，一方面所依據的理論基礎，與現代世界息息相關，另一方面因技術進步，使新舊大屠殺之間的受害人數形成強烈對比。

納粹德國的大屠殺與十九世紀的幾項重要發展息息相關，「反猶主義」即為其中之一。長久以來一直在歐洲文化潛行的反猶主義，因為十九世紀的狂熱民族主義而發酵，當時發生在法國的德雷弗事件（Dreyfus Affair，猶太裔軍官被誣告為德國間諜），就是民族主義與反猶主義的結合。種族主義的出現是另一個同等重要的發展。暫且不論所謂的「種族」是否只是用科學包裝的文化偏見，確時獲得不少人支持。希特勒的想法就是上述種種發展的集結體。

希特勒的反猶太態度眾人皆知，他的作品《我的奮鬥》就毫不掩飾地表現出想滅絕猶太人的傾向。人類史上的大屠殺，首要步驟就是先將被害者歸類為非我族類，希特勒也是如此。在他的認知中，雅利安人應享有崇高地位是再理所不過的事情，「如果我們把人類分成三部分，即文化的創建者、文化的擔當者和文化的破壞者，那麼只有雅利安人可被視為第一部分的代表。……世界上所有不屬於優秀種族的人都是一群廢物……」

在接下來的段落中，希特勒開始批評他所謂的廢物：猶太人。指控他們玷汙了雅利安人的高貴血統，破壞優秀的文化、藝術與宗教信仰。更讓希特勒無法接受的是，猶太人甚至和共產主義結合在一起，並在俄國掌握大局。消除猶太人威脅的邏輯，因此和征服俄羅斯的天命掛勾在一起，「俄國人依靠自己的資源不可能自身擺脫猶太人的枷鎖，同樣猶太人也不可能永遠維持強大的帝國。」希特勒掌權後，納粹黨的宣傳內容便一再出現強烈反猶心態。

許多歐洲猶太人因為納粹勢力的擴張而受害。波蘭的猶太人有將近百分之九十的比例死於當時的屠殺，德國及東歐地區死亡比例僅略低於此。德國的盟友匈牙利、義大利、維琪法國（Vichy France）等，也相繼配合希特勒的政策，造成數十餘萬猶太人死亡。納粹德國的大屠殺在戰後震驚國際社會，不僅著手調查，給予相關人士應有的懲罰，也加速人們開始反省近現代史上的其他屠殺，並以同樣嚴厲的標準，檢視戰後各衝突地區的屠殺事件。

第七章

一九四五年以後的世界局勢：從美蘇冷戰到多元化世界

第二次世界大戰結束後，世界局勢進入兩大陣營相互對峙的冷戰時代。曾經統一的德國，在戰後不久被畫分為東、西德兩國。假使以兩德國界為分界線，以西是立場親美、採取資本主義的世界，以東則是實施共產制度的蘇聯陣營。美、蘇競爭不斷在世界各地上演，主要是透各自過其支持的對象進行，例如中國內戰（中國國民黨與中國共產黨）、韓戰，甚至較晚期的越戰等。

美蘇競爭擴及政治、經濟、軍事等各層面。戰後不久美國決定實施馬歇爾計畫，金援歐洲協助進行戰後復甦。蘇聯視這項舉動是美國藉機擴張勢力，強力阻止東歐各國加入，另以自己的模式促進經濟。軍事上，為了防止共產勢力擴張，美國在太平洋沿岸與數個國家簽訂軍事同盟條約，並在西歐建立北大西洋公約組織。不甘示弱的蘇聯，也在簽定《華沙公約》後，組成共產國家內部的軍事同盟。美蘇雙方對彼此的不信任，使冷戰延續了近半世紀之久，眾人活在大戰即將爆發、核子武器摧毀家園的恐懼中。

除了美蘇對抗，仍有許多重要國際事務在二十世紀下半葉上演。西歐各國放棄競爭，往團結合作的目標前進。他們接連組成歐洲煤鋼共同體、共同經濟市場，以及現在的歐洲聯盟等組織。分裂成諸多國家的歐洲大陸，一步步邁向整合之路。另一方面，曾統合在西方列強之下的亞、非大陸，則是逐步分裂，出現許多新興國家。要求自由、獨立的聲浪，以及歐洲國家國力衰退的現實條件，令十九世紀的殖民帝國也成為過往歷史。

後來雖然進入二十世紀，許多人權問題依舊存在。破除對黑人、女性的歧視或差別待遇，一直是冷戰時期，甚至直到今日的重要社會議題。相關抗議活動無論順利與否，都讓世人見識到還有許多不公有待眾人起身面對。

抵抗不了要求政治、經濟改革，以及尊重自由與人權的壓力，從一九九〇年至一九九一年間，東歐共產國家接連瓦解，就連蘇聯也不復存在，過往高度緊繃的國際局勢終於緩解。如今世界上僅剩少數國家由共產黨專政。他們如不是做出相應的改革（如中國、越南、古巴），就是更加封閉自己的國家（如北韓）。

後冷戰時代的國際局勢並非就此一帆風順，伊斯蘭世界與西方文明的衝突仍不斷上演。歐美國家支持以色列建國的舉動，加上他們從未完全放棄干涉中東局勢，因此與伊斯蘭世界的關係更形惡化。最極端者決定採用恐怖攻擊表達不滿，例如發生在二〇〇一年的九一一事件。恐怖攻擊當然不能代表所有穆斯林的想法，但箇中意念仍值得深思。

歷史這樣說

柏林危機：美蘇冷戰的前奏

從蘇聯建國開始，歐美各國多半抱持著戒備心態觀看其發展。共產黨所信奉的意識型態一旦在自己國內發生，現有的社會秩序也將完全改頭換面。而蘇聯方面，也總是預設歐美各國想藉機削弱蘇聯國力，那些國家的統治者對共產主義的反感，早已是顯而易見的事情。長久以來蘇聯與歐美國家一直維持者相當微妙的關係，為了反制希特勒，他們願意暫時放下歧見攜手合作。不過少了納粹這個共同敵人後，雙方價值觀的衝突再次浮上檯面，並進一步發展成勢力範圍的畫分。

第二次世界大戰結束前，各國領導人就已開始透過多次會議，討論佔領地的戰後處置。作為對蘇聯的補償，並誘使其繼續投入戰爭，在不違反自由選舉的前提下，將整個東歐地區歸為蘇聯控制。美國如今取代英法，成了資本主義世界的代言人後，也希望採取一些對策，使共產主義不得擴張。畢竟上一次的世界大戰已經證明，衰弱的戰後經濟確實給共產主義帶來更多發展機會。美國不再像一戰結束後那樣對國際事務冷淡以對，反而積極協助各國的戰後重建，漸漸發展出與蘇聯這個國際上的強權國家分庭抗禮的外交關係。

德國在戰後由蘇、美、英、法四國分割佔領，就連首都柏林也是如此。原本英、美、法還在爭論如何處置德國時，共產勢力的擴張在他們心中造成更大壓力。蘇聯不僅併吞大片領地，更在波蘭、捷克斯洛伐克、匈牙利、保加利亞、羅馬尼亞建立起由自身控制的共產黨政權。在這些國家中，蘇聯先是組織多黨合作的聯合政府，展現民主體制的維持後，再一步步擴大共產黨勢力，進而一黨專政。在此過程中，不乏以軍事手段達成目標，一條從波羅的海延伸到亞得里亞海的邊界，區隔出共產主義世界與資本主義世界，英國政治人物邱吉爾（Churchill）將這形容是一道「鐵幕」（Iron Curtain）。一九四八年，美、英、法決定將他們管理下的德國領地合併成一個獨立的主權國家，並推行經濟復甦政策。這被蘇聯視為挑釁舉動，在同年封鎖通往西柏林的鐵路交通，斷絕物資來源，試圖迫使歐美勢力退出柏林。然而，不願屈服於蘇聯壓力，改以空投補給方式維持西柏林的運作將近一年多。

蘇聯在一九四九年決定放棄封鎖，同一年，西方佔領下的德國，組成德意志聯邦共和國（西德），不久後，蘇聯控制的部分則成立德意志民主共和國（東德）。德國的分裂，在接下來的三十多年成了美蘇冷戰的具體象徵。

北大西洋與華沙公約組織：美蘇冷戰的擴張

除了柏林危機，當時一連串國際事務的發展，使得歐美與蘇聯之間的差異，從一開始在意識形態上的對立，擴大到經濟、軍事等層面，漸漸形成當時國際秩序中的兩大陣營。

從一九四七年開始，美國採取「馬歇爾計畫」（Marshall Plan）計畫，向歐洲投注大量用於重建的資金。原先這項計畫也邀請蘇聯控制下的東歐各國加入，但蘇聯不樂見美方介入勢力範圍，嚴格禁止。為了反制美國，建構屬於自己的經濟體系，蘇聯在不久後成立「經濟互助委員會」（Council For Mutual Economic Assistance），藉此組織協調分配各共產國家的資源或市場。在軍事上，美國與西歐各國於一九四九年共同組成具有軍事合作性質的「北大西洋公約組織」（North Atlantic Treaty Organization, NATO）。六年後，東歐共產國家則在華沙簽訂同樣帶有軍事合作意圖的《華沙公約》（Warsaw Pact）。上述組織的成立，標誌著美蘇之間的對峙態勢已是難以扭轉的事實，世界局勢也陷入似乎隨時會爆發大戰的狀態中。

軍備競賽與小規模戰爭是冷戰時代的特色。原子彈這項人類有史以來最具破壞力的大規模毀滅性武器，二戰結束時只有美國擁有，不久後蘇聯也發展出足夠的核武技術。雙方陣營陷入核武數量的軍備競賽中，作為維繫恐怖平衡的籌碼。以核彈為代表，瘋狂的軍備競賽一直是美蘇冷戰的主軸。雖掌握大批武力，美蘇兩國盡可能地保持競爭而不戰爭的關係。即便真的升級成武力衝突，也會避免演變成全面性戰爭，例如在一九五六年，藉著以阿衝突，英、法打算介入戰爭，再次控制蘇伊士運河。此舉引來蘇聯的不滿，在美國不願表態支持下，英、法只好放棄。同一年，匈牙利也發生反對共產黨統治的抗議運動，歐美陣營並未視其為推翻共產黨的大好機會而介入。許多美蘇之間的競爭，主要都是透過其支持者（或扶持者）之間的小規模戰爭，一步步確立彼此勢力範圍。像是較早期的韓戰、中國國民黨與中國共產黨的內戰，或是接下來的越戰，蘇聯入侵阿富汗等，都可見到美蘇對峙的成分。

在多次的軍事危機及小規模戰爭之間，美蘇兩國仍保持著一定程度的對談交流，化解彼此的對立與猜疑，例如在限制核武擴散及裁軍等議題上達成共識。邁入一九八〇年代後，外交關係明顯和緩許多。但冷戰的結束，不是雙方發自內向心的相互諒解，而是蘇聯方面出乎不少人預料的瓦解。

冷戰下的東亞世界（一）：分割朝鮮半島的韓戰

韓戰的發生事關日本，更與冷戰脫離不了關係。日本歷經甲午戰爭及日俄戰爭後，不僅確立了在中國東北地區的勢力範圍，也獲得繼台灣之後，另一塊海外殖民地韓國。做為日本的領土，朝鮮半島也曾在二戰期間遭遇盟軍攻擊。戰爭結束後，蘇聯因地利之便佔據朝鮮半島北部，美軍則佔據朝鮮半島南部，導致朝鮮半島未來將分治長達數十年的歷史。

美蘇陣營也想在朝鮮半島建立與之親近的政權。一九四八年，美國放棄在朝鮮半島的軍事管理，支持韓國人建立大韓民國（南韓），蘇聯則在隔年，推舉親蘇聯的金日成建立朝鮮民主主義人民共和國（北韓）。當年中國共產黨擊退中國國民黨後，美軍為了減少與共產陣營可能的衝突，決定撤出駐守在南韓的大批軍力。不過就在一九五〇年，希望統一朝鮮半島的北韓，在蘇聯支持下發動攻擊，南韓與美軍因缺乏準備不斷後撤，最後僅剩下東南一角根據地，此即為韓戰的開端。

韓戰發生後，美軍隨即調動在日本的軍力支援，並於聯合國安理會中，將這場戰爭定位為北韓對南韓的侵略，組成一支以美軍為首的聯合國軍隊，以二戰名將麥克阿瑟（MacArthur）為指揮官，反攻北韓軍隊。美軍的介入使北韓戰況急轉直下，一路退守到中國與北韓邊界的鴨綠江。戰況進展至此，麥克阿瑟原先打算繼續深入中國內部，藉此機會一併攻擊中國共產政權。但美國總統不希望戰局擴大，決定撤換麥克阿瑟。同時，眼見戰局對北韓不利，中共決定正式加入韓戰，共投入超過百萬人的大軍。因戰況僵持不下，雙方決定停止攻擊，確認朝鮮半島分裂的既定事實。直到現在南北韓雙方仍保持著停火的戰爭狀態，朝鮮半島的北緯三十八度線一帶，仍是世界上最緊張的軍事對峙區之一。

韓戰是當時冷戰局勢下第一次的大規模戰爭，加上平民，雙方的傷亡人數共超過百萬人。因為韓戰，使美蘇對峙的局勢，也在東亞地區逐步成形。北韓在蘇聯支持下建立，接收不少武器裝備上的援助。戰爭爆發後，蘇聯雖不直接介入，但私底下的軍事協助並未停止，而且還有來自中國的援軍。以上種種都讓美國相當擔憂共產主義的擴張，原先想在東亞地區置身事外，不得不迅速轉變外交策略，對該地的重視程度絲毫不下於歐洲。

冷戰下的東亞世界（二）：太平洋島鏈與中蘇關係

因為韓戰，美國開始在西太平洋沿岸的重要島嶼上擴張勢力，支持與自己友好的政權，並建立緊密的軍事同盟。這些島嶼包括日本、沖繩、台灣與菲律賓等，再加上南韓，成了美國防止共產勢力擴張的重要戰略防線。

日本在一九四五年投降後，接下來七年由美軍佔領。美國先是改造日本政治組織，從原本的獨裁結構轉為自由民主。最具代表性的發展是在新憲法中，將以往高高在上，掌握各項大權的日本天皇，定位為「國家的象徵」，日本正式轉型成上有君王，但由議會掌握實權的國家。韓戰爆發後，美方決定將國家主權交還日方，並簽訂相當重要的《美日安保條約》（Treaty of Mutual Cooperation and Security between the United States and Japan），條約明白表示，日方一旦遭受攻擊，美國將會介入這場戰爭。這項條約只是美國逐步建構太平洋島鏈防禦線的其中一環。

事實上，韓戰的爆發也讓美國改變了對台灣的態度。美國曾在中國內戰中，支援中國國民黨，但時間一久，美國開始失去耐心與信心。國民黨撤退到台灣後，美國一度不願過問此一政權的存亡。韓戰使美國決定派遣艦隊防衛台灣海峽，並於韓戰結束後簽訂《中美共同防禦條約》（Sino-American Mutual Defense Treaty），美國與中國建交後，此條約廢除，與台灣另簽《台灣關係法》（Taiwan Relations Act）。這項軍事協助防禦條約相當程度上限制中國軍隊在台海的擴張。

相繼與日本、台灣接連簽訂軍事條約時，美國也在東南亞建立包括菲律賓在內的「東南亞保約組織」（Southeast Asia Treaty Organization，現已解散），進一步強化美國散布在西太平洋沿海周圍的防禦線，也畫分出一塊反共勢力陣營。

美國的防禦線成立不久後，中蘇關係也開始生變。蘇聯與二十世紀初期的中國政治有極為密切關係，早期國民黨在建立過程中，就曾大量學習俄共的經驗與模式，而中共的壯大也是在俄共的幫助下實現。蘇聯於二戰後，提供大量武器裝備及經濟資源，試圖扶植一個穩定的中共政權。但雙方的密切互動無法解決彼此歧見，領土畫分與路線之爭一次次加深不合。例如蘇聯曾在史達林去世後，開始檢討他的所作所為，並反省是否過度傾向個人崇拜，而當時卻是中國不斷建構毛澤東崇拜的年代。大躍進期間，蘇聯也批評其過於理想化、不切實際，憤而斷絕技術支援。一九六〇年代起，中蘇關係急速惡化，而美國也開始拉攏中國制衡蘇聯，雙方在一九七九年建交。

冷戰已經結束，「共產黨擴張」的威脅也成為過去式，但當時的外交關係仍留在東亞世界。朝鮮半島依然分裂，雖然軍事上的重要性降低，美國仍維持著與太平洋島鏈上各國的密切互動，中美之間始終保持偶有衝突的外交關係。作為當今世界難以撼動的強權，在可想見的未來，美國依然會在東亞保持相當影響力。

歐洲聯盟的發展：整合歐洲大陸

從歐盟的發展來看，二戰後的歐洲也是一段從競爭到整合的歷史。長久以來，歐洲的政經結構比起中國顯得鬆散許多，大片土地由各大小政權分而治之。拿破崙時代，歐洲大陸曾在他的要求下，共同執行一項近現代歐洲史上，規模最大的經濟合作政策（也就是對英國的大陸封鎖政策）。在此之後，十九世紀歐洲除了英國完全信奉自由貿易原則外，各國仍維持一定程度的關稅壁壘，政府及商人希望藉此保護、扶植市場和產業。第一次世界大戰之後，關稅壁壘的情況更為盛行，就連英國也築起自己的防線。經濟上的競爭，接連強化了政治與軍事領域的對立，也是促使第二次世界大戰的原因之一。

二戰結束後，美國因馬歇爾計畫決定提供歐洲政府重建資金，不過他們必須接受相互合作的條件，為歐洲地區的政經整合開創重要先例。歐洲各國亦體認到，世界局勢因為美蘇兩大強權興起而有所改變，今後必須以合作代替競爭，才能更有效發揮歐洲資源。

西元一九五〇年，法國、義大利、西德、比利時、荷蘭、盧森堡等六國，共組歐洲煤鋼共同體（European Coal and Steel Community）。各國讓出部分國家主權，交與一個超國家組織共同管理煤、鋼這兩樣重要的工業原料。一九五七年，煤鋼共同體的成員另組歐洲原子能共同體（European Atomic Energy Community）及歐洲經濟共同體（European Economic Community）。前者是各會員國共同管理剛興起的原子能源，後者則是鼓勵各國打破對資本、資源、勞力及市場的限制，促進自由交流。到了一九六〇年代，歐洲經濟共同體順利減少關稅限制，其成員國也擴大至北海各國，以及在冷戰中維持中立的瑞士、奧地利，至一九八〇年代，其他南歐國家也相繼加入。

經濟共同體的擴張，加深歐洲各國在政治、司法甚至外交事務上的整合。各會員國在在一九九三年簽訂《馬斯垂克條約》（Treaty of Maastricht），歐洲聯盟（European Union）正式成立，在歐盟之下，設立歐洲央行、歐洲議會、歐洲法院等中央組織。在二〇〇二年發行的歐元，是歐洲聯盟最具代表性的整合成果。隨著冷戰結束，歐盟的範圍也擴張到諸多東歐國家，如今在歐洲地區僅剩少數國家尚未加入。

現今的歐盟，已是世界上最大的經濟體之一，其重要性絲毫不下於美、俄、中等大國。但隨著歐盟擴張，各國差異所引發的糾紛也日漸明顯，例如在經濟發展上，西歐就與東歐國家有一大段差距，不滿者認為經濟較不發達的國家一旦加入歐盟，將會成為未來發展的累贅。如何在歐盟理想與各國需求間達成平衡，是歐盟繼續發展下去的重要議題。

戰後獨立潮：歐洲傳統勢力的崩解

第一次世界大戰結束後，因為奧匈帝國與俄羅斯帝國的消失，曾在歐洲地區掀起一波獨立浪潮。但世界上絕大多數受殖民的地方，特別是在亞非地區，仍處於歐洲列強統治之下，二戰結束之後才陸續獨立建國。

民族主義仍是支持新國家出現的重要力量。例如印度，作為英國統治下最大的殖民地，在一戰期間就已出現要求自治、獨立的訴求，甘地（Gandhi）就是當時的領導人物。二戰結束後，英國政府已知勢不可為，不以軍事鎮壓回應，而是放手讓印度獨立。當時較嚴峻的問題，反倒是如何畫分印度與巴基斯坦的邊界。這兩個國家在一九四七年從英國統治獨立後，隨即發生至今仍未解決的武力衝突。獨立國家之間因為各種衝突而引發戰爭的例子相當常見，除了上述的印巴衝突，還有南北韓、以色列與巴勒斯坦等，直到今日依然是難解的問題。

東南亞一帶是獨立國家數量最多的地區之一。二戰期間，日本的戰線擴及到東南亞，順利擊垮英、法在此建立的殖民勢力，為各地的日後獨立掃除不少障礙，更讓他們見識到擊敗西方國家的可能性。加上二戰後，各殖民國無意投入大量資源只為了維繫一個越來越不可行的海外帝國，於是放棄在該地的統治。印尼、寮國、馬來西亞、柬埔寨、斯里蘭卡等紛紛建國。在東南亞各國中，越南的獨立過程最為血腥，因為法國在二戰結束後試圖重建統治，遭遇越共的強力抵抗，最後只得灰頭土臉的撤離。

非洲大陸也是地二戰後國家獨立浪潮最興盛的地方。如同亞洲，部分非洲國家在歷經殘酷的戰爭後才宣告獨立，有些則相對和平許多。除了越南，法國也曾試圖重建在阿爾及利亞的統治。不僅最後不敵獨立勢力，還因過於殘忍的鎮壓手段，引起法國人民反彈。對許多非洲國家而言，建立一個穩定的政權是獨立後的一大挑戰。許多國家是在歐洲勢力缺乏妥善規畫下獲得獨立，造成國內的宗教、種族衝突所引發的大小戰爭不斷。中央政府組織也未見完善，無力解決糾紛、發展民生設施。歐洲在此殖民並匆忙退出造成的諸多問題，仍有待許多人共同努力。

大體而言，最遲至一九七〇年代，曾在西方控制下的殖民地皆已陸續建國，許多國家邁向繁榮之路發展，有些仍在和獨立後的混亂局勢對抗。不可否認的是，挾著經濟、資源或技術優勢，西方仍能在這些國家發揮相當程度的影響力。但要再恢復過往那種建立在政治、軍事上的直接控制，以當今潮流來看早已不切實際、困難重重。歷經第二次世界大戰，歐洲各國曾建立起來的龐大帝國皆成為過往歷史，不復存在。

越戰：挑戰美國霸權

越戰是冷戰時期另一場相當重要的戰爭，不僅代表了傳統帝國主義的失敗，也是二戰以後美國霸權的一大挫敗。十九世紀末葉，法國征服越南，連同周遭地區，組合成名為印度支那（Indochina）的殖民地。法國帶來許多現代化建設，但絕大多數投資都是為了配合自身需求，一般民眾鮮少能從中獲利，極為不平等的待遇也催生了越南的民族獨立運動。

胡志明是越南獨立的重要人物。他在早年於各地學習共產黨理論與組織方式，利用這些經驗，在大戰期間迅速擴張越南獨立勢力。二戰一結束，隨即成立越南民主共和國（北越）。隔年，法國進攻越南重建統治。這場戰爭前後共持續了近十年，法越雙方最後在一九五四年的奠邊府之役中分出勝負。投入大量資源依舊慘敗的法國決定放棄這塊肥沃的土地，承認從印度支那獨立出三個國家，分別為越南、寮國與柬埔寨。其中獨立後的越南又分為兩部分，分別是胡志明建立的北越，以及在美國支持下成立的越南共和國（南越）。

韓戰的經驗使美國決定介入越南。先是在之前的戰爭中支援法國，越南獨立後，美國成了在此運作的最主要西方國家，積極給予南越政權各項軍事援助。從美國的角度來看，北越的發展象徵共產主義在亞洲的擴張，是冷戰的延伸。從一九五九年起，南北越爆發大規模戰爭，美國軍力的損失也從遠本的數百人不斷成長到十萬人以上。即使美軍投入當時最先進的軍事武器，承受大量傷亡後，仍無法結束戰爭。遙遙無期的戰爭，以及雙方陣營對非軍事人員的暴行，透過媒體傳回歐美世界，激發一九六〇年代末期學生運動中的反戰聲浪。越戰成了美國在冷戰時期最難堪的一場戰爭。

終於在一九七三年，美、越雙方決定停戰，美軍逐步退出越南。一九七五年，北越發動新一波攻勢，缺乏資源、軍力的南越就此消失，越南統一。統一後的越南並未馬上獲得和平，相繼與柬埔寨和中國發生戰爭，一直要到九〇年代後，越南邊界才穩定下來。

從象徵意義上來看，越戰代表了至一九七〇年代，美國不再能一手主導希冀的國際秩序，縱使他是世界上的一大強權國家。不過蘇聯方面也經歷類似美國的狀況，先是中蘇分裂，接著是中越衝突，甚至無法完全控制共產陣營的內部局勢。國際秩序邁向多元化發展的現象越來越明顯。

蘇聯瓦解：冷戰正式結束

在歷經史達林的統治後，蘇聯接連換了幾位領導者。在此之中，雖然政策曾有改變，但大體上仍朝著強化共產黨地位，限制人民自由與共產式經濟體制的方向治國。蘇聯的高壓統治也曾遭到反對，一九五六年與一九六八年時，東歐國家如波蘭、匈牙利等都曾發生反對共產黨統治的抗爭，最後皆被武力鎮壓。

西元一九八五年，戈巴契夫（Gorbachev）成為蘇聯的統治者。與先前統治者不太相同，他決定大規模改革蘇聯。在經濟上，放鬆中央政府對經濟的控制，並引進自由市場的運作模式。政治上，實施自由化，放鬆言論審查制度，釋放政治犯等。即便面對黨內保守勢力的抨擊，戈巴契夫仍持續推動上述改革。

戈巴契夫的改革理念也影響到蘇聯控制下的東歐國家。西元一九八九年，波蘭的工會抗議演變成反對共產黨統治的活動，人民大聲喊出要求政治改革、自由平等的聲音。以往態度都很強硬的蘇聯，在戈巴契夫統治下不願介入，結束波蘭共產黨的統治。在同一年，反共產黨專政的運動掃遍匈牙利、捷克斯洛伐克、羅馬尼亞與東德，各國共產黨都在人民要求下紛紛放棄政權。最能代表共產黨專政的柏林圍牆，也在當年被參與抗議者拆除。隔年，分裂半世紀的德國宣布統一。蘇聯在東歐的勢力於一年內瓦解。

正當東歐共產國家在一九八九年至一九九〇年年間消滅時，戈巴契夫仍努力推動各項改革。不過蘇聯的經濟積弊已深，過度發展工業，輕視農業，且資源分配不均等問題，已非一時的改革即可解決。保守派批評戈巴契夫是在背叛共產主義的理念，激進派則認為戈巴契夫的做法太過軟弱，無法有效解決國內問題。國內政壇的紛爭、國家經濟衰退，加之不久前才在東歐發生的反共專政，使蘇聯內部更顯騷動不安。一九九一年八月，一群反對戈巴契夫改革的黨內保守派發動政變，卻因為民眾的大力反對而馬上退去。早已瀕臨崩潰邊緣的俄國共產黨與蘇聯，因此次突發事件更失民心與威信，蘇聯統治下的領地一一宣告獨立，分裂成十餘個獨立國家。同一年年底，蘇聯正式瓦解。此後，從蘇聯獨立出來的部分國家組成名為獨立國家國協（Commonwealth of Independent States）的鬆散組織，繼續維繫後蘇聯時期的政經交流。其他國家如波羅的海三小國，則選擇加入歐盟，盡可能地避開俄國的影響力。

蘇聯的瓦解，正式宣告曾主導世界局勢數十年的冷戰告終，眾人也可揮去發生美蘇大戰的心頭隱憂。蘇聯的結束不代表共產黨專政的消失，在越南、中國、北越，共產黨仍緊緊掌握國家大權。不過在現今的環境下，這些國家無意也無力再度重現與美國高度對峙的冷戰。比起過去，當今國際局勢已和緩許多。

戰後大繁榮：二戰後的經濟成長與物質生活

第二次世界大戰結束後，世界經濟局勢不僅未出現蕭條，反而呈現欣欣向榮的光景。歐美國家的失業率大幅下降（西德一度降至個位數以下），經濟成長率不斷攀升，產業生產力同樣如此。大戰之後的三十年間，是一個薪資不斷成長，工作機會眾多，人均購買力及商品種類大量增加的年代。

戰後的經濟大繁榮，有賴於各國合作，建立一個相當穩定的國際金融秩序。一戰後的各國築起關稅高牆，阻礙了國際金融與市場交流。二戰之後，例如美國的馬歇爾計畫，以及後來的歐洲煤鋼共同體，都展現出各國共同發展經濟的決心。除此之外，以美國為首的「布萊頓森林體系」（Bretton Woods system）也是戰後經濟的重要支柱。根據該體系精神，戰後各國協力出資，組織世界銀行（World Bank）及國際貨幣基金（International Monetary Fund，IMF），提供各國發展國家建設所需的貸款。另外一項重要發展，則是確立以美元為標準的國際匯率系統，且各國政府不得隨意變更匯率。此一舉措大幅簡化了國際貿易的隔閡，相當有助於世界經濟秩序的穩定。同時，各國政府也比過往發揮更主動的力量。以政府力量介入經濟發展的情況在十九世紀已相當普遍，二戰之後，此一做法更有系統，更具全面性。不少國家受到美國新政或蘇聯計畫經濟啟發，在資本主義的前提下，負責調配資源，管理市場運作，掌握重要的交通、能源系統。在這些政策影響下，曾在戰時遭遇重創的地區，如西歐、日本，或是台灣，都陸續邁向經濟迅速成長的時期。

經濟繁榮加上工業革命培養出來的大規模生產模式，以及各種科技發展，使二戰之後的生活品質也比過去改善許多。例如冷氣、洗衣機、冰箱、汽車，或各項石化、橡膠產品等發明，不僅可讓人們有更多休閒時間，而且更能享受其中。傳播技術同步成長中，繼電報、電話、廣播與電視之後，進入現代世界的人類，發展出名為「網路」的重要溝通管道，空間與時間造成的阻隔顯得越來越微不足道。只要連結到不受管控的網路，每個人都能在短時間內輕易接觸數以萬計的國內外消息。

戰後大繁榮並未一直持續下去，大約從一九八〇年代起，薪資水平、失業率等數據，比起前幾年退步許多。但無論經濟衰退幅度有多大，那些已發展起來的物質生活條件早已充斥在眾人身邊。現代人類得以享受到的，遠超過十九世紀所能想像的程度。

人權運動：追求平等地位

啟蒙思潮更廣為人知後，一直是眾多人類追求自由平等的理念基礎。眾多國家紛紛以此為建國基礎或推行改革。不過即便在此類國家體制下，仍發生許多違背人權自由的事情。經歷兩次世界大戰後，挑戰不公、爭取人權依舊是相當具有活力的社會運動。

女權是二十世紀相當重要的議題。追求女權的運動，在法國大革命發生不久後就已開始，歷經十九世紀，直到二十世紀仍在持續進行中。這時的女權運動因為幾項重要的社會變化而更加興盛，例如接受（高等）教育的女性人數明顯增加，且進入工作市場的女性勞工也遠多於以往。女性主義者要求的不只是投票權，還想要從傳統兩性關係中獲得解放，對自己的身體、婚姻握有主權。口服避孕藥的發明及其合法化，就是當時相當具有象徵性與實質性的發展。

對於有色人種，特別是黑人權利的爭取，同為人權運動的重要內容。西方各國普遍在十九世紀時取消黑奴制度，種種明顯不平等的政策卻依然存在。例如美國在南北戰爭之後承認黑奴應享有平等權利，許多州政府仍保留種族隔離政策。在一九五四年時，美國最高法院宣布種族隔離政策違憲，給予黑人平權運動極大的鼓勵。對種族隔離政策不滿的抗議者，採用「公民不服從」運動表達意見。也就是說，他們尊重法律但不服從法律，違法後絕不逃避罰則，藉此吸引大眾注意該法律的不合理處。女權主義者也曾以此一手段表達不滿。黑人平權運動在十幾年間成長為聲勢浩大的運動，不僅使美國各州，也讓南非政府不得不正視種族隔離政策的問題。

人權運動與反戰浪潮，構成一九六〇年代學生運動的兩大訴求。二戰後教育體系的擴張與經濟發展，培養一批具有強烈自我意識的「學生世代」。他們質疑當時傳統、保守的價值觀，反抗上一個世代的人所建立的社會秩序。在他們之中，不乏反戰者及支持女性、黑人權利者。西元一九六八年，世界多處爆發激烈的學生抗爭，他們的訴求帶給各國政府不少壓力。抗議不公或政府體制的學生運動，自此之後仍陸續在世界各地上演，一九八九年，中國六四運動是最受世人矚目的學運之一，並不是因為他們獲得成功，而是中共當局的軍事鎮壓，與東歐發展形成強烈對比。

邁入二十一世紀，也仍有許多人權問題在世界各地發生，種族、性別歧視也未完全消失。我們仍活在一個需要多為他人、為自己抵抗不公，爭取應有權利的時代，先前的眾多革命及抗爭證明了，人權自由不會忽然從天而降。

伊斯蘭世界（一）：以阿戰爭

古羅馬帝國時代的猶太人，曾在今日的巴勒斯坦一帶擁有屬於自己的獨立國家，後來因為反抗羅馬帝國，於西元二世紀遭致滅亡。十九世紀時，反猶太人的社會氛圍催生出支持猶太人在巴勒斯坦獨立建國，強化猶太人認同感的錫安主義（Zionism）。在一戰期間，英國政府一方面鼓勵土耳其人統治下的阿拉伯人起身反抗，以建立自己的國家，另一方面又響應錫安主義者，傾向於讓猶太人在巴勒斯坦建國。而這兩項明顯有所衝突的政策，開啟未來以阿衝突的第一步。

一戰結束後，巴勒斯坦地區由英國管控，大量猶太人開始湧入該地。此時的移民數量已多到連英國也必須加以限制，否則與在此世代而居的巴勒斯坦人之衝突只會越來越嚴重。納粹於大戰期間的大屠殺，更堅定猶太人獨立建國的決心，迫使英方必須在巴勒斯坦駐守大批軍力，壓制相當緊繃的氣氛。最後英國決定將這裡的爭議交由聯合國處理。西元一九四八年，聯合國還在研究如何畫分領地時，以色列宣布建國。此一舉動引來巴勒斯坦人及周遭伊斯蘭國家的強烈不滿，以色列建國的爭議隨即升溫成武力衝突。

以色列建國後，引來敘利亞、埃及、伊拉克、黎巴嫩、約旦等國家的攻擊。自此之後的半世紀，以色列就與周遭阿拉伯國家發生多次戰爭。因為以色列有西方國家，特別是美國在背後支援，精良的武器裝備加上團結軍心，總能在多次戰爭中佔上風，在敵人環伺的地方始終屹立不搖。戰爭只是以阿衝突的其中一部分，戰事稍歇時，雙方則用恐怖攻擊回應對方的敵意，二十世紀的巴勒斯坦地區，曾是世界上最不穩定的地方之一。以色列方面希望自己的國家能保障人民的生命、自由，特別是在經歷二戰的大屠殺後，在巴勒斯坦建國的態度始終強烈。而阿拉伯人，尤其是巴勒斯坦人，則眼見他們長久以來的居住地受外來者毫無道理的強硬佔領。雙方的衝突源於此地複雜的歷史發展，以及西方列強過於草率的決策。

以色列與周遭國家的和平交流之進展相當緩慢，直到一九九〇年代，才開始與埃及、約但簽署和平協定。以色列願意從巴勒斯坦人集中的約旦河西岸及加薩走廊撤離，二〇一二年時，聯合國將這兩區塊合稱為巴勒斯坦國（State of Palestine），視之為獨立國家。未來以色列與巴勒斯坦國，及其周遭伊斯蘭國家是否能有更多和平交流，仍有待時間觀察。

伊斯蘭世界（二）：伊斯蘭教義與西方價值觀

位處重要地理位置的中東伊斯蘭地區，是十九世紀歐洲列強爭相進入的地方，在一戰後，對當地的控制因為土耳其帝國瓦解更加深入。二戰後順應去殖民化風潮，該區也出現許多大小不同的獨立國家。

新成立的國家雖維持獨立地位，但多半與西方國家關係密切。他們透過各種名目，例如外國公司、外國顧問，間接或直接地維持政府內部的親西方勢力，從中獲取大量石油資源，並圍堵共產主義的擴張。不過這些政府往往貪汙嚴重、執政無能又牴觸自由精神，難以有效解決社會問題，引起許多人的不滿。有些人認為這些都是西方文化入侵伊斯蘭文化後的苦果，過度世俗化、物質化的政治制度與氣氛正在破壞伊斯蘭信仰的傳統美德。於是有一派人呼籲穆斯林重拾伊斯蘭信仰，並與政治生活結合在一起。

如同許多主義或信念的支持者，重拾伊斯蘭信仰者當中，也可分為保守溫和派與激進極端派，相同的是，他們都希望在傳統中找到有助於改善生活現況的方法。許多伊斯蘭國家的變革都可歸類在此一運動下，較劇烈的地方甚至會演變成推翻親西方政權的革命，例如伊朗。英國在在二戰期間強勢介入該國運作，戰後雖有政治更迭，但伊朗持續朝向改革效果相當有限的世俗化發展。在一九七九年，伊朗人民的不滿終於爆發，由宗教領袖何梅尼（Khomeini）統治伊朗。他上台後著手將伊斯蘭律法融入政治體制中，並消除他認為會帶來不良影響的西方文化元素。

因為中東地區極為重要的戰略位置與天然資源，西方國家不曾完全放棄對此地政治局勢的控制。從上個世紀的以阿戰爭、兩伊戰爭，到十多年前的阿富汗戰爭、伊拉克戰爭等，都與西方國家脫離不了關係。無論是否真有出兵的合理性，西方國家赤裸裸的軍事介入，都一再引起各伊斯蘭國家的反感。較激進者組織自己的武裝團體，以恐怖攻擊表達他們的不滿。西方文化與伊斯蘭文化的關係，至今仍是現代世界的重要問題。回顧歷史，才更能理解現代西方世界與伊斯蘭國家的大小衝突何來，並省思所謂的西方價值觀，該如何在「人類普世價值」與「文化霸權」之間找到適當位置。

九一一事件：恐怖主義的隱憂

大體來講，恐怖主義指涉有政治或宗教動機的人，試圖透過某些暴力攻擊對目標造成威脅與恐懼，以表達理念或達成某些訴求。十九至二十世紀初時，恐怖攻擊是部分無政府主義或民族主義者採用的手段，例如一戰時期發生的愛爾蘭獨立戰爭，就藉此向英國政府施加壓力。早期的恐怖攻擊往往都有非常明確的對象，與此無關的人不在攻擊範圍內。但在二戰之後，恐怖攻擊的規模不僅擴大，更演變成隨機式的無差別攻擊，造成非軍事人員的大量傷亡。

現代的恐怖攻擊常見於強弱十分明顯的雙方，在某些議題或地區的激烈爭執僵持不下時發生。像是蘇聯瓦解後，俄國境內尋求獨立的車臣，以及生活在以色列邊界上的巴勒斯坦人，都曾在人潮密集處發動恐怖攻擊。他們並不期待這麼做能讓事情馬上得到解決，但至少可以引起國際社會的注意。進入二十一世紀後，美國長久以來介入中東地區的做法，引來現今規模最大，發生在美國本土的恐怖攻擊。

二〇〇一年的九月十一日早上，美國國內有四架飛機遭到挾持，其中兩架撞上美國知名地標世貿雙子塔，另一架則撞向美國國防部五角大廈，最後一架則在發動攻擊前墜毀。這次攻擊一共造成近三千餘人死亡，舉世震驚。最後確認此一攻擊為伊斯蘭激進組織蓋達（Qaeda）所為。該組織的領導人賓拉登（Osama bin Laden）曾在一九九八年發表一篇反對美國及其盟友的宣言。他認為美國長久以來用盡各種手段控制、剝削阿拉伯人民，支持以色列的行動更是在強化對阿拉伯世界的迫害。基於以上原因，他呼籲穆斯林對美國發起無差別攻擊，「殺害美國人與他們的盟友，無論是平民或軍人，是每個穆斯林的責任，可在任何一個國家盡各種手段實施。……這是為了讓他們的軍隊離開伊斯蘭土地，擊敗並癱瘓對每位穆斯林的威脅。」美國回應此一恐怖攻擊的做法，就是派兵攻打他們認定與蓋達有密切關係的阿富汗，在當地扶植一個親美政權，並留下重兵與反美勢力糾纏。

歷史並不能將賓拉登的恐怖攻擊合理化，但賓拉登的宣言，也可說是伊斯蘭世界中，對美國長久以來的中東政策最直接、極端的控訴。縱使並非多數穆斯林都是極端基本教義派，九一一事件卻也突顯出西方國家試圖以軍事、經濟強勢介入中東地區的做法，確實有改變的必要性。

歷史這樣看

杜魯門主義與馬歇爾計畫：歐洲經濟復甦政策

第二次世界大戰之後，原本不願過問歐洲事務的美國，也開始積極拉攏歐洲國家，雙方的密切外交關係一直持續到今日。當年的手段中，杜魯門主義（Truman Doctrine）以及隨後開始的馬歇爾計畫是最著名代表。

杜魯門主義源於一九四七年當時的美國總統杜魯門（Truman），有鑑於共產勢力的擴張所制定之外交策略。因為地利之便，蘇聯得以在戰後將影響力往東歐擴張，位處重要地理位置的土耳其與希臘也是共產勢力的目標。因此杜魯門決定金援這兩個國家，協助重建、阻止共產黨獲得政權。此次金援考量到的絕不是只有經濟問題，對美國而言還牽涉到自由與專制的對抗，及不同生活價值觀的選擇。杜魯門在一九四七年三月十二日的國會演說提到：「一種生活方式是基於多數人的意志，其特點為自由制度，代表制政府、自由選舉，個人自由之保障，言論與信仰之自由，免於政治壓迫。」與之相對的另一種生活方式，則是建立在「恐怖和壓迫」、「內定的選舉和對個人自由之壓制」等統治手段上。他堅定地相信美國代表第一種生活方式，並強調「我們的幫助主要是通過經濟和財政的支持，這對於經濟安定和有秩序的政治進程來說是必要的」。換言之，美國已開始將「經濟繁榮發展」與「自由民主政體」畫上等號。這樣的類比在當年看來有些許合理性，窮困的經濟確實比較容易讓共產黨獲得支持。不過後來有許多案例證明，在經濟發達的非共產國家，仍會出現專制政權，經濟發展程度與國家體制沒有必然關係。

促進經濟發展有助於自由民主的邏輯，也是馬歇爾計畫的基本論調。該計畫的發起人是杜魯門政府下的國務卿馬歇爾（Marshall），他向國會解釋計畫時曾說，美國在過去參加了歐洲各國想保護自身的戰爭，如果今日再次對歐洲局勢保持中立，「就等於放棄了兩代美國人的努力和犧牲」。協助歐洲，將確保「人類的進步」、「尊重個人」等世界秩序不至於遭受蘇聯威脅。維持世界和平也是馬歇爾計畫的要點。英、法、德的新仇舊恨在戰後其實仍未完全化解，但如果要避免重演一戰後的亂局，繁榮的德國，以及西歐各國的合作都是不可或缺的必要條件。順利實現上述目標，即為馬歇爾計畫的另一重要歷史意義。

「樂善好施」從來就不是美國的立國精神，所有金援計畫的出發點都是為了保障美國利益，馬歇爾計畫書在一開頭就毫不掩飾地提到這點。但所引發的後續效應如穩定世界局勢，促進戰後經濟等，仍具有不可抹滅的正面意義。不只西歐，同時代的日本、南韓、台灣等，也在相同的外交政策下受惠不少。

冷戰成型：美蘇的態度

西元一九一七年，俄羅斯因為共產黨掌權而引發內戰。反共陣營的成員多元複雜，其中一部分來自英、美等國。他們的介入不具有任何決定性力量，卻也突顯出此一新政權與其他國家存在難以化解的對立。二戰結束後不久，雙方的對立再次顯露無遺，兩種意識形態各據一方，指控對方是反民主、介入他國內政的帝國主義者。例如美國在一九四七年推出馬歇爾計畫時，就將世界局勢一分為二，其一是以美國為代表，保持自由的陣營，另一則是以蘇聯為代表，少數人極權專制的團體。

美國對蘇聯的恐懼並非毫無根據。幾乎全東歐都已在共產黨的影響下。而東亞地區，遼闊的中國也確定由共產黨統治，共產黨爭奪主導權的戰爭也在朝鮮半島上演。反共一時間成為美國最重要的國策之一，二戰名將麥克阿瑟即為反共人士之一，計畫將韓戰擴大成推倒中國共產政權的戰爭。當時的美國議員麥卡錫（McCarthy）還利用反共氛圍，掀起過度恐共而造成的社會動盪。

蘇聯方面其實也很擔憂美方的發展，因為美國不僅反共立場堅定，軍事技術及經濟發展絲毫不下於俄國，甚至有日漸超越的趨勢。基於對共產主義的堅持，蘇聯官方也大肆批評美國及資本主義。西元一九六〇年，蘇聯編撰的《蘇聯共產黨史》（*History of the Communist Party of the Soviet Union*）問世，表現出與美國截然不同的世界。美國不再是自由的守護者，而是喜好侵略的帝國主義者，「美國決定利用其他主要資本主義國家的經濟和政治困難，將它們置於自己的支配下。以經濟援助為掩護，美國開始滲透進它們的經濟之中並開始干涉它們的內部事務。……西歐人民面臨著保衛國家主權反對美帝國主義蠶食的任務。」

由此觀之，美蘇雙方都認為自身有義務、責任堅守正確價值觀，甚至帶著捨我其誰的姿態堅持對抗局勢。近年來的歷史研究成果，也相繼指出將冷戰歸因於單一陣營並不恰當，例如美國史史家格姆雷（Gormly），他延續了一九六〇年代以來史學界的修正觀點，在一九九〇年出版的《從波茲坦到冷戰》（*From Potsdam to the Cold War*）中指出，「相信美國的行動把世界分成兩個陣營而且促使東歐迅速蘇聯化，與相信蘇聯的擴張主義迫使美國實施遏制政策，似乎同樣符合邏輯」。霍布斯邦的《極端的年代》也有類似看法，他認為雙方其實既沒有能力，更無意動武消滅對方，卻「由於相持不下，結果越害怕越抗拒，最後才演變成『兩大武裝陣營，高舉相左的意見大旗，全力動員對抗』」。

多方比較不同說法及後世研究，將不難發現冷戰時期的美國只表現出自身所願意相信，或希望大眾相信的部分，蘇聯同樣如此。雙方就在相互猜忌之下，共度半個世紀。所幸這場不斷加碼的賭盤，並未引來毀滅人類的大災難。

反殖民主義：甘地與聯合國宣言

最晚至二十世紀初，亞、非各地反對西方殖民、建立獨立國家的想法，就已是一股不可逆的大趨勢，而印度又是最熱中於此的地方之一。印度的獨立運動大約在十九世紀下半葉成型，起初只是反對印度人受到的不平等待遇，最後演變成要求自治，甚至是英軍撤出、正式獨立。過去曾長期執政的印度國民大會黨（Indian National Congress，簡稱國大黨），即為當時發展而來的政黨。因為國大黨的歷史悠久，印度許多重要政治人都曾參與該黨活動，最為世人所知的就屬甘地（Gandhi）。

甘地在一八六九年出生於一個富裕家庭，長大後到英國留學，日後在南非工作。南非的生活，使他更深刻體會，在白人統治下有色人種遭受的不平等待遇。再加上他大量閱讀，逐漸建構出以非暴力不合作運動尋求印度獨立的論述。第一次世界大戰爆發後他回到印度，因為積極傳遞理念，一直是印度獨立運動的核心人物。

關於甘地的理念，濃縮在他於一九〇九年完成的著作《印度自治》（*Indian Home Rule*）。這本書承襲了美國作家梭羅（Thoreau）的「公民不服從」理論，宣揚非暴力抗爭。更重要的是省思各項法律，及現有體制背後蘊含的不合理之處，「如果服從某項令我們的良知反感的法律，有違我們的勇氣……如果一個人意識到服從不公正的法律是怯懦的行為，將不會有暴君奴役他。」甘地相信，有了這份自覺，才是自治（Self-rule, home-rule）的第一步。他反對英國文化、經濟與軍隊的入侵，將印度獨立視為終極目標。甘地的不合作運動使他成為英國當局的眼中釘，多次進出監獄，但這些壓迫都無法消滅印度內部要求獨立的聲浪。一九四八年，發展近半世紀的印度獨立運動終於成功，是二戰後最早獨立的亞洲國家之一。

西元一九六〇年，聯合國發表了一份相當具有指標性的《反殖民宣言》（Declaration on the Granting of Independence to Colonial Countries and Peoples），將各地的反殖民主義理念，視為全人類的普世價值。該宣言將「殖民」定義為壓迫他者的不當作為，「構成了對基本人權的否定，違背了聯合國憲章而且妨礙了世界和平和合作的促進。」因此受殖民者有權為自己爭取獨立，擺脫不平等狀態。宣言還另外強調，「鄭重宣告有必要迅速並無條件地結束所有形式和所有表現的殖民主義。」意有所指地特別針對仍不願意完全放棄殖民地的英、法兩國。

隨著反殖民主義在世界各地獲得成功，消失的不僅是西方世界性帝國，就連曾作為支持後盾的各項理論也遭遇諸多挑戰。跳脫西方角度重新看待人類歷史、文化逐漸發展為顯學，帶來一個越來越豐富多元的世界樣貌。

金恩與曼德拉：黑人民權運動的重要人物

保障人權、自由平等，以及追求幸福進步的生活等，始終是啟蒙時代及諸多革命的共同目標。更曾促使各國起身反抗反法西斯主義，或是在歐洲以外的地方啟發反殖民主義。對上述理念的認同，也是二十世紀六〇年代黑人民權運動的中心思想。論及相關發展，南非的曼德拉（Mandela）及美國的金恩（King）都是當時的重要代表人物。他們以充滿熱情的行動與演說，激勵更多人投身於民權運動的行列，使之發展為上個世紀最重要的議題之一。

曼德拉生於一九一八年，剛好成長於南非的種族隔離政策越來越嚴苛的年代，求學期間就開始深入接觸人權議題。二戰結束後不久，他成為非洲民族會議（African National Congress）之重要成員，致力於改變南非黑人現況。眼見政府態度強硬，他在一九六〇年領導武裝組織向政府施壓，兩年後被警方逮捕。

一九六四年曼德拉在法庭上為自己辯護，大聲說出南非黑人面臨的種種不平等待遇。在這篇開題為「我是第一被告」（I am the First Accused）的著名辯護中，他認為現今的不平等政策是「白人霸權政策下的直接結果」。南非黑人沒有基本的財產權、人身自由、參政權，甚至連生命保障都受威脅。辯護的最後，留下一段充滿啟蒙式精神的論述，「我珍惜民主與自由社會，在此之中任何人都可和平共處並享有平等機會。為此我希望活下去親眼見證其到來。但是，我的主啊，我願意犧牲生命使之實現。」

經歷這場審判，曼德拉入監服刑一直到一九九〇年，這段期間他從未放棄民權運動，加上國內外壓力，迫使南非政府一一解除不平等政策。最後在一九九四年，曼德拉當選為南非總統，非洲民族會議發展為國內第一大黨，黑人民權運動又往前邁進一大步。

正當曼德拉被捕受審時，金恩也積極參與美國的黑人運動。他在一九二九年出生，長大後成為一名牧師，黑人人權議題在五〇年代末期發酵後，隨即投入大量心力參與抗爭。他的抗議方法受甘地啟發，同樣訴求非暴力抗爭。一九六三年，大批運動人士聚集華盛頓，呼籲政府正視仍殘存在美國各地的不平等政策，金恩便在那裡留下日後被稱為「我有一個夢」（I have a dream）的演說。他說美國的歷史源自於對自由平等的追求，黑人卻不在此一保障中。百年前林肯所簽訂的解放宣言，更未能確保黑人的自由。他接著說：「我有一個夢：有一天這個國家將會奮起，活出立國信念的真正意義；我們相信的真理『人生而平等』不證自明。」一九六八年金恩遇刺身亡，但他留下的理念：美國也能成為黑人得以享受自由人權的國度，持續影響美國輿論與立法過程，甚至開始關注黑人以外的有色人種。

從《第二性》到《女性主義宣言》：為女性權利發聲

西蒙·波娃（Simone de Beauvoir）是二十世紀女權運動的重要作家。她生於一九〇八年，接受相當豐富多元的教育，一生創作許多作品，她其中在一九四九年完成的《第二性》（*The Second Sex*），是一部融合了存在主義，探討何為女性的經典之作。波娃認為女性始終維持者相對於男性的「他者」概念，也就是說，「（女性）沒有自己的過去、歷史或宗教，……她們分散居住在男人中間，由於居住、家務、經濟條件和社會地位而依附某個男人，……把她和她的壓迫者（男性）連接在一起的紐帶是其他紐帶都無法對比的。」

例如黑人或無產階級者會集結在一起，帶有主體意識地說出「我們」，但女性除了極少數場所外，鮮少這麼想。根據波娃的分析，現有社會結構即是從男性立場出發，女性的種種行為總是難以擺脫控制，甚至願意放棄「自我」，扮演「他者」。因此，女性能否意識到這點，使自己的主體性得以發揮是波娃相當強調的地方。《第二性》出版後遭受許多保守人士的批評，但另一方面，她的論點也啟發許多女權主義者更進一步思考，挑戰社會、文化結構中的不平等。

大約在一九六〇年代，越來越多女權團體紛紛成立，出版書籍表達理念，立場相當激進的紅襪子（Redstockings）就是其中之一，直到今日仍在運作中。該組織在一九六九年發表《紅襪子宣言》（Redstockings Manifesto）。仔細觀察內容，可發現其觀點多少受到波娃的影響，同樣強調人類社會中的男性霸權，所謂的女性特質是「男人持續不斷、日復一日的壓力」所造成，男人的心態才是真正要改變的事物。宣言還帶點如《共產黨宣言》的熱情宣誓，「我們目前的主要任務是通過分享經驗以及公開揭露所有制度的性別基礎，來發展女性的階級意識。……我們呼籲所有的姊妹在鬥爭中與我們聯合起來。」

團結並有意識地抵抗，正是波娃當年提出的解決之道。

如果說法國大革命之後的女權運動意在打破社會制度的不平等，那麼二戰以後的運動，則更深入剖析制度面下的不平等。多虧他們的努力，有更多人知道追求自由平等，絕不是僅停留在制度層面上的改變而已。女權運動帶來的討論，對於任何其他身分者如原住民、社會弱勢者的人權等，也具有重要啟發。

《歐洲聯盟條約》：歐盟成立的重要步伐

從二戰之後開始的歐洲整合之路，起先並未計畫創建歐洲聯盟。雖一同在以美國為首的資本主義陣營，英、法、德等西歐各國仍懷抱各自盤算，一時間要彼此盡棄前嫌並不容易。因為共同抵抗共產陣營累積的經驗，加上真心希望維持彼此間的和平，終於取代過往強調競爭的外交模式。一九五〇年法國外長舒曼（Schuman）公開提出《舒曼宣言》（Schuman Declaration），建議將西歐的煤、鋼資源交予一個超國家組織管理，促成了日後的歐洲煤鋼共同體。這份宣言象徵法、德決定盡棄前嫌，共同努力營造更繁榮、和平的歐洲，此一精神也成了日後進一步整合的理念基礎。

煤鋼共同體成立後，成員國之間繼續簽定各項條約，接連成立各種合作組織。就結構上來看，這些組織各自獨立，且多半偏向經濟層面。歷經多次協商，才逐漸整合起來。歐洲各國在一九九二年簽訂的《歐洲聯盟條約》是最重要的整合計畫，歐洲聯盟正式成形，合作項目也大幅擴張至政治、司法等層面。

《歐洲聯盟條約》有兩大重點，第一，認同歐洲整合之重要性，且未來持續朝向此一目標發展。第二，歐盟的精神奠定在認同自由主義的基礎上，尊重人權、自由，打造幸福、繁榮的世界。《歐洲聯盟條約》共同條款（Common Provisions）的第一條，確立該組織名稱為「歐洲聯盟」，比起過去常用的共同體（Communities）一詞，更加深會員國的聯結。提到歐盟的存在目的，條約內容如此自我期許，「這份條約象徵著歐洲人民在創建更親密的聯盟之過程中，一個嶄新進程。……它的任務是持續且穩固地維繫各成員國及其人民之關係。」

日後歐盟設立的許多中央組織，都可在此條約見到雛型。條約簽定後，因為歐盟的發展也有相對應的補充修改，使內容更完整具體，例如在二〇〇九年生效的《歐洲聯盟基本權利憲章》（Charter of Fundamental Right of the European Union），其精神也被寫入《歐洲聯盟條約》中。討論到歐盟精神時，共同條約的第二條呈現出對人類社會的啟蒙式期待，「此聯盟創建在尊重人性尊嚴、自由、民主、平等、法治、人權，包括少數群體權利之價值觀上。這些價值觀適用於所有成員國……」

到目前為止，歐盟可說是人類歷史上最能夠將大片歐洲穩定整合的組織。對共同理念的認同，使歐洲各國即便歷經多次爭吵，仍能持續深化各領域的合作。歐洲大陸都曾有過程度不一的軍事或經濟合作，例如十字軍、抵抗鄂圖曼帝國的歐洲聯軍，或是拿破崙帝國等，但論及影響程度與時間長短，當今的歐盟仍是最成功的一次嘗試。

巴勒斯坦問題：二十世紀初遺留的糾紛

二戰之後的巴勒斯坦問題，一度是歐美國家與伊斯蘭世界的最大衝突來源。他們的衝突當然牽涉到很多歷史問題，例如十九世紀西方帝國主義的擴張，但巴勒斯坦問題可說是影響最大的導火線之一。

西元一九一七年，英國外交官巴福爾（Balfour）向猶太復國運動的領導人送交一份後來稱為《巴福爾宣言》（Balfour Declaration）的文件。內容提到英國政府在立場上認同猶太復國主義的理念，願意提供協助，不過有一個但書，「不得做任何事情損害目前巴勒斯坦非猶太人的公民權和宗教權利。」第一次世界大戰結束後，巴勒斯坦成為英國託管地，許多猶太人受《巴福爾宣言》鼓勵移民當地，雖有英方事先要求的但書，大量猶太移民仍不可免地與巴勒斯坦人發生衝突。

西元一九一九年，在美國的主導下組成一項調查計畫，因為由教育家金恩（King）和商人克蘭（Crane）主持，該計畫俗稱為「金恩—克蘭任務」（King-Crane Commission）。他們到東地中海各地訪問，了解當地人對戰後處置的看法。一九二二年調查報告出爐，關於巴勒斯坦問題，明確反對猶太人當下的建國計畫，建議大幅修改，並緩慢逐步執行。調查指出《巴福爾宣言》設下的限制，根本無法有效阻止大量湧入的猶太人與巴勒斯坦人之間，宗教和日常生活之衝突。報告更指出一個顯而易見的嚴重問題，「應該記住的是，將近百分之九十的非猶太巴勒斯坦居民，斷然地反對猶太復國計畫。……同時也該注意到，反對猶太復國計畫的想法不只在巴勒斯坦，也普遍存在於敘利亞民眾心中。」

根據調查報告可知，早在二十世紀初就有人看出巴勒斯坦問題之根本所在，但相關建言未能發揮實際影響力，在英國管理下仍有大批猶太人移入。

一九四八年猶太人宣布以色列建國，迫使大批巴勒斯坦民眾逃離故鄉。當年的難民之一托爾其（Fawaz Turki），在一九七二年出版的回憶錄《巴勒斯坦流亡者的旅途》（*Journal of a Palestinian Exile*），說出了他們如何看待猶太人的外來殖民活動，「我們想要的就是回到自己的家鄉。……那片土地上來了一個民族，一個外來殖民者團體，在急於擺脫罪惡和羞恥的西方世界的幫助下，要求從歷史、天空和我們那裡取得獨立。」

因為長年以來遭受壓迫，包括聯合國在內，終於有越來越多人注意到巴勒斯坦民眾的境遇，紛紛表態支持，無論其能夠發揮的影響力有多大。雖然現在衝突已緩和，巴勒斯坦人也擁有自己的國家，但這是在犧牲許多人之後換來的成果。而且就現況來看，問題只是暫時緩解，並未獲得解決。

戈巴契夫：蘇聯瓦解的推手

雖然蘇聯的工業成長速度曾令西方國家為之驚豔，二戰後的表現與美國相比也不遑多讓。不過從一九七〇年代起，由中央機關強勢控管經濟發展的做法卻也出現弊端，效率不彰、無法切合民眾需求、資源分配不當等問題一一浮上檯面。加上與美國之間的軍備競賽，更加重經濟發展壓力。當時蘇聯內部還有一黨獨大的國家很容易出現的問題：貪污腐敗。雖然還不會立即威脅到蘇聯及俄國共產黨的統治，但許多政府或黨內人士都知道，必須在局勢無法挽回前尋求改變。

一九八五年，工人家庭出身的戈巴契夫正式成為蘇聯的最高領導人，在上述背景之下，決定實施大規模改革。他的首要目標就是針對已經沒有發展動力的蘇聯經濟：引進更先進的農、工生產技術，改造中央組織，希望蘇聯的產業能兼具品質與效率。著手改造經濟的同時，也積極改善與西方國家，特別是最主要競爭者美國的關係，放寬各項對人權自由的限制，使其他國家相信蘇聯確實有意改變現況。

一九八八年十二月七日，戈巴契夫在聯合國發表一篇相當具有代表性的演說，向全世界告知他試圖結束冷戰的想法。演說前半段宣布蘇聯將裁減軍力，並從東歐撤軍。接下來提到，是時候重新省思與美國的外交關係，放下歧見、解除核武軍備，「沒有人會刻意低估歧見的嚴肅本質，大家也都知道，懸宕已久的爭議，一時之間無從解決。但是我們促進相互了解和追尋共同利益的努力，已經有了小學畢業生的程度。蘇聯及美國製造了舉世為數最多的核子武器，但在客觀認清各自的責任之後，兩國也率先達成協議，裁減並且按照比例確實銷毀威脅我國以及全人類的核子武器。」

戈巴契夫於一九九〇年做了一件同等重要的決定：修改憲法，使共產黨不再是蘇聯理所當然的領導政黨。他依舊相信共產黨有資格領導國家，前提是必須放棄政權的壟斷，獲取人民的支持。東歐共產國家的崩解，證明了他向西方國家宣傳的理念所言不假。

以現有資料來看，戈巴契夫追求的是改善國家體質，而非瓦解國家，但他推行的種種改革，卻不可避免地導致這樣的結果。蘇聯瓦解後戈巴契夫也隨之下台，俄國因急速變動的社會結構，陷入經濟大蕭條時期。從俄國的角度來看，他的改革是好是壞，留待未來史家的研究。但在緩和國際局勢、終結冷戰等作為上，他確實是一位頗有貢獻的政治人物。

現代美國：與英國不同的世界性帝國

擁有「皇帝」並非一個帝國存在的必要條件，舉凡一個國家或政治實體，利用政治、軍事、經濟等手段，掌控大片土地的情況，都可說是帝國的一種，無關乎意識形態或政治體制。例如西元一、二世紀的羅馬帝國，其實還保有共和之名。十九世紀時，為了尋找投資機會與確保市場，英國是最熱中於建立世界性帝國的國家。隨著二戰結束，英國在海外所得無法應付維持帝國的成本，使之在心態上更容易接受帝國的瓦解。世界局勢則由美、蘇兩大帝國強勢主導。後者消逝後，世上再也沒有其他國家在國力、影響力上真能取代美國的地位。

羅馬帝國、查理曼帝國或大英帝國，都因為不同時空背景而有各自樣貌，這一點上，美國同樣如此。雖然美國是繼英國之後另一個稱霸全球的世界性大國，但兩者存有不小差異。因為美國帝國主義仍是現在進行式，對人類世界引發的後續效應，還需更多時間觀察。不過到目前為止，已有許多徵兆可看出美國的特色。善於從全球史的視野看世界發展的霍布斯邦，在二〇〇七年完成的作品《霍布斯邦看二十一世紀：全球化、民主與恐怖主義》（*Globalization, Democracy and Terrorism*），花了相當篇幅討論美國帝國主義的形成與性質。根據他的看法，「全球化」是美國得以持續發揮影響力的關鍵。因為全球化，人類的許多事物環環相扣，隨之而來的戰爭、疾病、經濟等問題，放眼全球，比聯合國更有能力解決世界性問題的僅有美國。不過霍布斯邦也很擔憂當今的美國霸權。回顧美國歷史，對意識形態的堅持，是美國與英國的最大不同處。從壞的面向來看，美國「有的只是意識形態上的敵人：那些反對美國生活方式的人，不論他們是誰」。美國的經濟制度、文化思想等軟性國力形成的美式生活模式，藉由他們強大的政治實力向世界各地擴張。雖然美國不像大英帝國擁有龐大海外領地，卻保持者不下於後者的勢力範圍。

在《霍布斯邦看二十一世紀：全球化、民主與恐怖主義》問世後，世界局勢未曾遭遇重大變化，美國依舊是難以撼動的世界性帝國，並以自由民主的守護者自居，積極介入各地事務。正如霍布斯邦所言，美國「深信世界其他地區都應該追隨它的腳步，甚至相信它應該幫助世界其他地方完成解放大業」。美國所堅信的理念，雖為現代多數人認同的普世價值，但這不代表可將所有行為合理化。法國大革命與俄羅斯革命的歷史已然說明，在接納某個理念的同時，也應該注意到實踐的手段。隨著美國帝國主義的擴張，過往的歷史教訓在今日世界看來依然重要。

九一一之後：世界未來走向

九一一事件震驚全世界，不僅因為恐怖攻擊的對象是世界上最強大的國家，也是因為竟然能一瞬間造成數千人的傷亡。當天美國總統布希（Bush）的公開演說提到，「美國之所以成為恐怖攻擊的目標，是因為我們是世界上最明亮的燈塔，指引著自由與機會。」很顯然的，他過度簡化了長久以來西方與伊斯蘭世界的衝突，將其定義為單純的意識形態問題。在同年隨即以反恐戰爭之名，攻打阿富汗。兩年後，美國再度以同樣說詞，派兵進入伊拉克，迅速推翻舊有政權，在當地建立其理想中的自由民主政府。美國的強大國力在這兩場戰爭中顯露無遺，但也讓更多人見識到在華麗辭藻下，隱藏者擴張勢力的野心，而這只是更加深與伊斯蘭世界的矛盾關係。

美國一直是後冷戰世界的單一霸權，而且就短時間來看將不會有所變動。不過世界上仍有許多挑戰者：中國作為地球上人口數最多的國家，是蘇聯之後，美國在東亞及西太平洋最大的競爭對手。歐盟的整合，讓歐洲擁有不下於美國的經濟實力。就連一度衰弱的俄國，仍對重返世界霸權念念不忘。

無論各國之間的政治、經濟競爭如何，他們都無法否認必須要在全球化的架構下，維持某種程度的合作。為了因應全球化世界，各國政府也不得不組成各種國際化組織，彼此商討該如何降低競爭，增加合作。歐盟的發展證明了，一個超國家組織能在現代世界帶來不小助益。全球化也意味者一旦災難發生，無論肇事者為誰，全世界的人類都得承受苦果。最能帶來威脅的莫過於傳染病大流行，同樣會讓許多人擔憂的，還包括某個國家或跨國大型企業爆發倒債危機。凡此種種，更證明了世界各國合作的重要性。

「環境」是人類必須面臨的更嚴重問題。在地球長達數億年的生態史中，人類是目前唯一有能力徹底毀滅地球的物種。許多歷史研究已經證明，人類的科技進步史，從某些角度來看也是環境破壞史，尤其在工業革命之後更是如此。人口增加、物質生活的需求等，都考驗著人類如何在開發與保護環境間找到平衡點。所幸在只能後悔之前，人類已開始集思廣益解決環境問題，發展乾淨能源、減少碳排放量、保護臭氧層等都是具有指標性的行動，雖然就目前來看只是相當初步的成果。

斷言「人類不會從歷史學到教訓」的言論，難免過度低估人類的學習能力。單從過去一世紀的發展來看，雖然危機重重，人類已懂得避開另一次世界大戰，阻止經濟大蕭條的發生，學習到互助合作、尊重人權、保障多元思想的重要性。如果人類能持續記取那些教訓，不斷改善世界，將是悼念過往犧牲者的最好方式。

參考資料

丹尼斯．舍爾曼著，趙立行譯，《西方文明史讀本》，上海：復旦大學，2010。

赫曼．金德等著，陳澄聲譯，《dtv世界史百科》台北：商周，2009。

戴郁文著，〈阿爾欽博多（Giuseppe Arcimboldo, 1527-1593）自然組合肖像畫〉，，《史學研究》，第26期（2013.7），頁77-146。

卡爾．貝克著，何兆武譯，《十八世紀哲學家的天城》，新北：左岸，2009。

昂納等著，吳介禎等譯，《世界藝術史》，新北：木馬文化，2001。

吉朋著，席代岳譯，《羅馬帝國衰亡史》，台北，聯經，2004-2006。

潘恩著，馬清槐等譯，《潘恩選集》，北京：商務，1991。

霍布豪斯，朱曾汶譯，《自由主義》，北京：商務印書館，1996。

瑪莉．吳爾史東克拉芙特著，譚潔、黃曉紅譯，《女權辯》，廣州：廣州經濟出版社，2005。

霍布斯邦著，張曉華等譯，《資本的年代》，台北：麥田，1997。

霍布斯邦著，《革命的年代》，台北：麥田，1997。

霍布斯邦著，《帝國的年代》，台北：麥田，1997。

霍布斯邦著，鄭明萱譯，《極端的年代》，台北：麥田，1996。

霍布斯邦著，吳莉君譯，《霍布斯邦看21世紀》，台北：麥田，2008。

馬克思等著，管中琪等譯，《共產黨宣言》，新北：左岸，2004。

潘卡吉・米什拉著，黃中憲譯，《從帝國廢墟中崛起》，台北：聯經，2013。

彼得．英格朗著，陳信宏譯，《美麗與哀愁》新北：衛城，2014。

彭慕蘭著，邱澎生譯，《大分流》，台北，巨流，2004。

英國劍橋大學編輯團隊著，劉麗真譯，《改變歷史的聲音》，台北：臉譜，2012。

賈德．戴蒙著，王道環譯，《第三種猩猩》，台北：時報，2000。

Frédéric Dassas著，陳麗卿，蔣若蘭譯，《巴洛克建築：1600至1750年的華麗風格》，台北：時報文化，2005。

Arnall, William. *Opposition No Proof of Patriotism*, London: 1735.

Bellori, Giovanni Pietro. *The Live of the Modern Painters, Sculptors and Architecture*, New York: Cambridge University Press, 2005.

Burke, Edmund. *Reflections on the Revolution in France*, Dublin: 1790.

Butterfield, Herbert. *The Origins of Modern Science: 1300-1800*, New York: Free Press, 1965.

Coffin, J. G., Stacey, R. C. *Western Civilizations: Their History & Their Culture*, New York: W.W. Norton & Co, 2008。

Craig, A. M. eds. *The Heritage of World Civilizations*, Upper Saddle River: Pearson Prentice Hall, 2006.

Dickinson, H.T. *British Radicalism and the French Revolution, 1789-1815*, Oxford: Blackwell, 1985.

Fontana, Domenico, *Della Trasportatione dell'Obelisco Vaticano et delle Fabriche di Nostro Signore Papa Sisto V*, Roma: 1590.

Hall, Thomas. *Planning Europe's Capital Cities: Aspects of Nineteenth Century Urban Development*,

New York: Routledge, 2010.

Mellor Anne. *Mary Shelley: Her Life, Her Fiction, Her Monsters*, New York: Methuen, 1988.

Mercati, Michele. *De Gli Obelischi di Roma*, Roma: 1589.

Mill John Stuart. *On Liberty*, 1859.

Millon, Henry A. ed. *The Triumph of the Baroque: Architecture in Europe*, 1600-1750, New York: Rizzoli, 1999。

Locke, John. *Two Treatises of Government*, Cambridge: Cambridge University Press, 1988.

Lord Harvey, *Ancient and Modern Liberty, Stated and Compared*, London: 1734.

Pulteney, William. *An Enquiry in to the Conduct of our Domestic Affairs*, London: 1734.

Sylvia Ferino Pagden ed. *Arcimboldo: 1526-1593*, Milan: Skira, 2007

國家圖書館出版品預行編目資料

用觀念讀懂世界歷史：科學革命至當代世界／王健安著. --初版. --臺北市：商周出版：家庭傳媒城邦分公司發行, 2015.09
面；　公分. ——（縱橫歷史；013）

ISBN　978-986-272-878-9（平裝）

1. 世界史

711　　104017174

用觀念讀懂世界歷史：科學革命至當代世界

作　　者／王健安
企畫選書人／林宏濤
責任編輯／陳思帆

版　　權／翁靜如
行銷業務／李衍逸
總 編 輯／楊如玉
總 經 理／彭之琬
發 行 人／何飛鵬
法律顧問／台英國際商務法律事務所　羅明通律師
出　　版／商周出版　城邦文化事業股份有限公司
台北市104民生東路二段141號9樓
電話：(02) 25007008　傳真：(02)25007759
E-mail:bwp.service@cite.com.tw
發　　行／英屬蓋曼群島商家庭傳媒股份有限公司 城邦分公司
台北市中山區民生東路二段141號2樓
書虫客服服務專線：02-25007718；25007719
服務時間：週一至週五上午09:30-12:00；下午13:30-17:00
24小時傳真專線：02-25001990；25001991
劃撥帳號：19863813；戶名：書虫股份有限公司
讀者服務信箱：service@readingclub.com.tw
城邦讀書花園：www.cite.com.tw
香港發行所／城邦（香港）出版集團有限公司
香港灣仔駱克道193號東超商業中心1樓
E-mail：hkcite@biznetvigator.com
電話：(852) 25086231　傳真：(852) 25789337
馬新發行所／城邦（馬新）出版集團【Cité (M) Sdn. Bhd.】
41, Jalan Radin Anum, Bandar Baru Sri Petaling,
57000 Kuala Lumpur, Malaysia.
電話：(603) 90578822　傳真：(603) 90576622
email:cite@cite.com.my

封面設計／徐璽
排　　版／游淑萍
印　　刷／高典印刷有限公司
總 經 銷／高見文化行銷股份有限公司　電話：(02)2668-9005

城邦讀書花園
www.cite.com.tw

■2015年（民104）9月10日初版
■2017年（民106）8月24日初版2.5刷

Printed in Taiwan

定價／280元

 ISBN 978-986-272-878-9

商周出版

廣	告	回	函
北區郵政管理登記證			
台北廣字第000791號			
郵資已付，免貼郵票			

104台北市民生東路二段 141 號 2 樓

英屬蓋曼群島商家庭傳媒股份有限公司　城邦分公司

請沿虛線對摺，謝謝！

商周出版

書號：BH3013	書名：用觀念讀懂世界歷史：科學革命至當代世界	編碼：

請於此處用膠水黏貼

商周出版

讀者回函卡

謝謝您購買我們出版的書籍！請費心填寫此回函卡，我們將不定期寄上城邦集團最新的出版訊息。

不定期好禮相贈！
立即加入：商周出版
Facebook 粉絲團

姓名：________________ 性別：☐男 ☐女

生日：西元________年________月________日

地址：________________

聯絡電話：________________ 傳真：________________

E-mail：________________

學歷：☐1.小學 ☐2.國中 ☐3.高中 ☐4.大專 ☐5.研究所以上

職業：☐1.學生 ☐2.軍公教 ☐3.服務 ☐4.金融 ☐5.製造 ☐6.資訊
☐7.傳播 ☐8.自由業 ☐9.農漁牧 ☐10.家管 ☐11.退休
☐12.其他________________

您從何種方式得知本書消息？

☐1.書店 ☐2.網路 ☐3.報紙 ☐4.雜誌 ☐5.廣播 ☐6.電視
☐7.親友推薦 ☐8.其他________________

您通常以何種方式購書？

☐1.書店 ☐2.網路 ☐3.傳真訂購 ☐4.郵局劃撥 ☐5.其他________

您喜歡閱讀哪些類別的書籍？

☐1.財經商業 ☐2.自然科學 ☐3.歷史 ☐4.法律 ☐5.文學
☐6.休閒旅遊 ☐7.小說 ☐8.人物傳記 ☐9.生活、勵志 ☐10.其他

對我們的建議：________________

____

____

____

____

請於此處用膠水黏貼